JOSEF GEHRER

DIANA AUF ABWEGEN

Josef Gehrer

DIANA
auf Abwegen
Jäger- & Wilderergeschichten

Leopold Stocker Verlag
Graz – Stuttgart

Titelbild: Manfred Danegger, Owingen/Billafingen
Titelgestaltung: Thomas Hofer, Reproteam Druck GmbH., Graz

Die Deutsche Bibliothek - CIP-Einheitsaufnahme

Gehrer, Josef:
Diana auf Abwegen : Jäger- und Wilderergeschichten / Josef Gehrer. -
Graz ; Stuttgart : Stocker, 2000
  ISBN 3-7020-0881-0

Hinweis:
Dieses Buch wurde auf chlorfrei gebleichtem Papier gedruckt.
Die zum Schutz vor Verschmutzung verwendete Einschweißfolie ist aus Polyethylen chlor- und schwefelfrei hergestellt. Diese umweltfreundliche Folie verhält sich grundwasserneutral, ist voll recyclingfähig und verbrennt in Müllverbrennungsanlagen völlig ungiftig.

ISBN 3-7020-0881-0
Alle Rechte der Verbreitung, auch durch Film, Funk und Fernsehen, fotomechanische Wiedergabe, Tonträger jeder Art, auszugsweisen Nachdruck oder Einspeicherung und Rückgewinnung in Datenverarbeitungsanlagen aller Art, sind vorbehalten.
© Copyright by Leopold Stocker Verlag, Graz 2000
Printed in Austria
Layout: Klaudia Aschbacher, A-8101 Gratkorn
Gesamtherstellung: Wiener Verlag Ges. m. b. H., Himberg bei Wien

Inhalt

Zum Geleit 7

Diana auf Abwegen 9

Wehe, wenn der Tiger springt! 25

Jäger „Down" ergreift das Hasenpanier 31

Der Armbrustwilderer 45

„Michei", der Rekordhirsch 63

Ein Braunbär ist kein Teddybär 75

Als die Wölfe ausbrachen 89

Todfeindschaft im Karpatenurwald 111

Der letzte Wilderer vom Schwarzenberg 133

Der „Jagdausflug" des Florian Hinterwalder 151

Ein Buschmann namens Xaverl 161

Der Jagdherr als Wilderer 179

Zum Geleit

Jäger- und Wilderergeschichten sind nur selten ganz frei erfunden, sie haben fast immer einen wahren Hintergrund. Dort, wo die Zünftigen zusammenkommen, am Jägerstammtisch, werden sie – von etlichen Bierchen und Weinderln beflügelt – in freier Rede sozusagen „skizziert", und ein aufmerksam lauschender Geschichtenschreiber bringt sie dann zu Haus aufs Papier.

So sind wohl die meisten „echten" Jäger- und Wilderergeschichten entstanden.

Und meine auch.

Der Verfasser

Diana auf Abwegen

Sie hieß Tina Linsmeier, war Mitte Dreißig und geschieden. Sie war außergewöhnlich hübsch, nämlich schwarzhaarig mit hellblauen Augen, den Proportionen einer Venus von Milo, also sozusagen gut gestellt – ein Bild von einem Weib.

Weshalb dann geschieden?

Die psychologischen Hintergründe des Auseinandergehens in allen Einzelheiten zu schildern, wollen wir uns ersparen; es war wohl in der Hauptsache die unterschiedliche Einstellung zur Natur, denn während der Ehegatte ein ausgesprochener Stadtmensch war, mit dem entsprechenden Habitus, zu dem zahllose Krawattln zählten, für jeden Tag ein anderes, war seine Gesponsin der ländlichen Lebensart zugetan und fühlte sich in einem einfachen, praktischen Lodenkostüm am wohlsten.

Er flanierte am liebsten an südlichen Sonnenstränden, sie suchte die Waldesstille.

Er schwärmte für Tennis und Golf, sie hatte eine Schwäche für die Jägerei.

Das genügte. Die gegenseitige Zuneigung war nie eine besonders tiefe gewesen, Kinder waren keine vorhanden, und der Scheidungsrichter sprach das Schlußwort.

Gesehen haben sie einander nie wieder, und jeder ging seinen eigenen Weg.

Der des krawattlnarrischen Herrn Linsmeier interessiert uns nicht; wir heften uns auf die schmale Fährte der schwarzhaarigen Tina.

Sie führt uns, wie eigentlich erwartet, nicht unmittelbar in den Wald, sondern zum Bauunternehmer und Revierpächter Kranzmoser, der bei der Vorbereitung zur Jagdprüfung und auch in der Prüfungskommission selbst eine wichtige Rolle spielte. Denn, so überlegte Tina, ihren geliebten Wald könne sie nicht als reine Spaziergängerin unbeschadet durchstreifen, sondern nur als zünftige Diana. – So büffelte sie wie eine Verrückte die Lehrbücher und legte die schriftliche und mündliche Prüfung sozusagen mit Glanz und Gloria aufs Parkett, aber dann, aber dann... Dann kam die Schießprüfung. Der im Jagdwesen altergraute Kranzmoser Egid, hinter ihr stehend, schaute besorgt auf den Büchslauf, der nicht zur Ruhe kommen wollte. Er schwanzelte hin und her, er schwanzelte auf und nieder und im Kreis herum, und schließlich setzte die Kandidatin ab und flüsterte mit bleichem Gesicht: „Ich kann nicht!"

Worauf der Prüfungsvorsitzende ein Flascherl Steinhäger aus seiner Rocktasche zauberte und flüsterte: „Nehmen S' einen tüchtigen Schluck, gilt nicht als Doping."

Aber auch nachdem die Probandin das Flascherl fast ausgezuzelt hatte, fand der Büchslauf nicht ins Ziel – eine großvolumige Wildsauattrappe, die jetzt ganz gemütlich den „Waldweg" überquerte.

Aus, gar. Der Prüfling war wegen des nicht zu bändigenden Schußfiebers durchgefallen.

Ein Jahr später Wiederholung der Jägerprüfung. Wieder unter allen herausragenden Kandidaten.

Dann die Schießprüfung. Diesmal hatte sich Tina von ihrem Doktor ein genau dosiertes Beruhigungsmittel verabreichen lassen. Grabruhig lag die Büchs in ihren Händen.

Aber es kam kein Schuß.

„Ham S' überhaupt g'laden?" fragte der Prüfungsvorsitzende Kranzmoser Egid, ihr immer noch ungewöhnlich zugetan.

„Nein, nein, nein!" schrie die Kandidatin, warf die Büchs dem Herrn Vorsitzenden vor die Füße und verließ fluchtartig das Gelände.

Damit war der schönen, schwarzhaarigen Tina Jägerlaufbahn, noch ehe sie begonnen hatte, zu Ende.

In ihrem erlernten Beruf als Chemikerin fand sie in einem privaten Forschungslabor einen nicht schlecht bezahlten Job, aber keine Befriedigung.

Eines Tages nahm sie ein Blatt Papier zur Hand und setzte eine Zeitungsannonce auf:

„Naturverbundene Frau, geschieden, nicht unattraktiv, möchte Waidmann bei seinen Pirschgängen begleiten. Ein kameradschaftliches Verhältnis ist erwünscht, Vertraulichkeit wird zugesichert." Die Annonce schickte sie an eine gut eingeführte Jagdzeitschrift und wartete mit einer gewissen Spannung, jedoch keineswegs ungeduldig, auf ein Echo.

Es erreichte sie in Form eines kurzen Schreibens mit folgendem Inhalt:

„Bin an Ihrem Angebot interessiert und erwarte Sie am Samstag, dem 30. Juli, im Laufe der Vormittagsstunden in meiner Jagdhütte im Revier Kranzberg, rot angekreuzt auf beiliegendem Landesvermessungsblatt und Revierkarte."

Tina studierte das Kartenmaterial und befand, daß es sich, rein landschaftlich gesehen, um eines der schönsten Reviere des bayrischen Voralpenlandes handeln müsse, gelegen zwischen den nördlichen Chiemseemösern und dem Kloster Seeon.

Am bewußten Tag setzte sie sich in ihr kleines Töfftöff und steuerte auf die Jagdhütte zu, die sie nach etlichen Verirrungen schließlich auch fand.

Niemand war da.

Sie umrundete sie und entdeckte schließlich ein Mannsbild, das gerade Holzscheiter zu einem Turm aufrichtete, mit großer Hingabe und Geschick.

Bei näherem Hinsehen handelte es sich bei diesem Mannsbild um den Revierpächter und Vorsitzenden der Prüfungskommission Egid Kranzmoser.

Fast erlitt die schöne, schwarzhaarige Tina einen Schwächeanfall, und dem guten Egid wäre vor Schreck beinahe der Holzturm zusammengefallen. So ein Zufall! Nein, nicht Zufall, das war schon mehr Schicksal.

Es ist nun erforderlich, in des Herrn Egid Kranzmosers Privatsphäre einzudringen.

Kranzmoser war gut eing'saamt, wie man in Bayern sagt, sein Bauunternehmen florierte, und er konnte sich ein Jagdrevier leisten, ohne daß die Familie darben mußte. Das war es auch nicht, was die Stimmung im Hause Kranzmoser in den letzten Jahren zunehmend verdüsterte.

Egid, mit Leib und Seele Waldmensch und Jäger, vermißte die Anteilnahme seiner Lieben an seiner grünen Leidenschaft. Besonders die Söhne hielten nicht mit Kritik an seinem „Mordgeschäft", wie sie es nannten, zurück. So hockte er schließlich allein in seinem Jagdzimmerl, unter der Trophäenwand („diesen abscheulichen Knochen!") und war im eigenen Haus isoliert. Da war ihm die Annonce in der Jagdzeitschrift in die Hand gekommen.

Er überlegte lange, sehr lange, bis er Laut gab, wie der Jäger sagt. Ehebruch hatte er nie im Sinn. Aber warum sollte er nicht auf kameradschaftlicher Basis mit einer naturverbundenen Diana Hochsitz und Pirschpfad teilen?

Und so hatte er auf die Annonce geantwortet.

„Ich bin heute schon recht früh aufgestanden", ließ Tina schließlich verlauten, „und hätte gegen ein bescheidenes Frühstück nichts einzuwenden."

Egid begab sich an den Herd, haute mit leicht zittrigen Händen etliche Eier in die Pfanne, schnitt einige Scheiben vom Brotwecken ab, und so nahm das Ganze, von dem die beiden nicht wußten, wie es einmal verlaufen und enden würde, seinen Gang. Vorerst auf die vorgesehene Art, nämlich leger-kameradschaftlich. Die anfänglichen inneren Spannungen verflogen, und sie erlebten genußreiche

Stunden draußen in der Natur. Die Rehe waren in Hochzeitsstimmung, aber Egid vermied es, seine Büchse anzuschlagen. Es blieb bei friedlicher Beobachtung des Brunftgeschehens. Endlich einmal hatte der leidenschaftliche Waidmann Gelegenheit, sich einem anderen mitzuteilen, ohne Unverständnis und Spott zu ernten.

Es sei noch erwähnt, daß Kranzmoser die letzten Jahre mit der Einladung von Jagdgästen zurückhaltend geworden war, da er sich ausgenutzt fühlte, und, was die Revieraufsicht betraf, hatte er äußerst schlechte Erfahrungen gemacht. Nur einen altbewährten Jagdaufseher leistete er sich noch, der sowohl sein Revier als auch das des Nachbarn betreute.

So konnten Egid und seine Jagdbegleiterin meist ungestört ihren Naturbeobachtungen frönen und hinterher, in der Jagdhütte, noch einmal bei einem guten Tropfen Wein nachgenießen. An gemeinsames Übernachten war nicht gedacht, und so kam der gute Egid nicht in die Versuchung, seine häusliche Misere mittels einer leidenschaftlichen Liebesnacht zu vergessen.

Eines Tages aber hatte sie ein scheußliches Gewitter draußen im Revier überrascht, und sie rannten in Riesensprüngen der rettenden Hütte zu, die sie völlig durchweicht erreichten. Egid heizte ein, daß die Ofenplatte glühte, und warf seine nassen Klamotten über das Gestänge.

„Zieren Sie sich net", grinste er, „ich dreh' mich um, und Sie schlüpfen derweil in meinen alten Trainingsanzug. Hier ist er, ein wenig muffeln tut er halt."

So saßen sie sich nun am Tisch gegenüber, fühlten sich alle beide sauwohl, und Egid hielt es für angebracht, einem eventuellen katarrhalischen Infekt vorzubeugen, stellte ein Häferl Teewasser auf und bereicherte dasselbe mit einem großen Schuß Rum. Er hatte keinerlei unbotmäßige Absichten und die schöne, schwarzhaarige Tina auch nicht, als sie an der Tasse schlürfte und sich ein Zigarettl genehmigte. Aber die Situation war zu verlockend, und der Rum tat seine Wirkung.

Egid setzte seine Pfeife in Brand, die Rauchkringel verbrüderten sich, und da geschah es, daß sich eine braune Männerhand über eine zarte Frauenhand schob und ein schicksalhaftes Wort gesprochen wurde: „Tina, ich glaube, wir haben uns gefunden."

Sie widersprach nicht, und als es Zeit war, wie üblich in ihr kleines Auto zu steigen, blieb dasselbe draußen stehen, vielleicht ein wenig traurig ob der Menschen Schwäche und schnellen Abkehr von allen Prinzipien.

Der nächste Morgen brachte Ernüchterung, aber ein starker Kaffee lenkte die Lebensgeister hin auf das Mögliche: Keine große Scheidungsaffäre, es sollte alles bleiben, wie es war – friedlich-frostige Koexistenz zu Hause, ein zweites, neu gewonnenes Leben draußen im Jagdrevier.

Diana hieß sie von nun an, die schöne schwarzhaarige Tina, Glücksgöttin der Jäger und persönliche Glücksgöttin des Jägers Egid, des wie zum zweitenmal Geborenen.

Egid hatte sich nun, im ausgehenden Sommer und beginnenden Herbst, der notwendigen Auslese zu widmen, und er tat dies mit Gründlichkeit und Kennerschaft. Da seine Diana Nerven zeigte, wenn er den Gewehrkolben an die Wange nahm, verwies er sie auf einen anderen Hochstand oder in einen der Ansitzschirme. Dort konnte sie ungestört die Natur genießen und zuckte höchstens ein wenig zusammen, wenn der Schuß, der ein Leben ausgelöscht hatte, durch den Wald grollte.

Der Jagdaufseher war inzwischen informiert; sein Schweigen brauchte nicht erkauft zu werden, er war ein grundanständiger Kerl und seinem Jagdherrn seit vielen Jahren treu ergeben.

Tina erlebte das, was sie sich immer gewünscht hatte: engsten Kontakt mit der Natur und all ihren Geschöpfen –

und dies unter der Obhut eines Jägers und Waldmenschen, dem nichts fremd war da draußen im grünen Revier.

In Egids Jagdhütte befand sich auch ein Raum, der in seiner Nüchternheit ein sensibles Gemüt abzuschrecken vermochte: der Zerwirkraum. Hier hingen dann die scheuen, schlanken Waldgazellen an einem Haken, mit toten Lichtern, stumm und eigentlich erbarmungswürdig. Egid versuchte, Tina von diesem frustrierenden Ort fernzuhalten, aber eines Tages sagte sie zu ihm: „Das letzte Stück, das du angeliefert hast, hab' ich inzwischen aufgebrochen und anschließend gleich zerwirkt. Ich hoffe, du bist mit meiner Arbeit zufrieden."

Hierauf begab sich Egid in den Zerwirkraum, schaute sich das Werk an und sah sich zu der Äußerung genötigt: „Der alte Steffl, mein Aufsichtsjäger, hätte es auch nicht besser machen können."

Nun stellte sich heraus, daß Tina kein schwärmerischer Naturapostel, sondern eine echte Jägerin war.

Einesteils war Egid erfreut, anderntteils aber auch nicht. Immerhin entschloß er sich als erste und wichtigste Maßnahme, Tina wie einen Jagdhund zur Schußfestigkeit zu erziehen. In einer aufgelassenen Kiesgrube fanden die ersten Vorübungen statt. Er legte die Büchse auf seine Schulter, hielt den Lauf fest und befahl: „Abdrücken, einfach abdrücken!"

Aber es geschah nichts.

Da brüllte er mit äußerster Lautstärke: „Abdrücken sollst, dummes Kaibi!"

Endlich war der Schuß draußen. Er versengte dem guten Egid fast die Ohrwaschln.

Und dann wieder ein Schuß, und noch einer – ein wahres Trommelfeuer, zuletzt freihändig und gezielt auf einen Felsbummerl, getroffen und noch mal getroffen, bis die Munition ausgegangen war, Tina die Büchse absetzte und mit rotem Gesicht schnaufte: „Endlich, endlich hab' ich 's überwunden, das idiotische Schußfieber!"

Irgendwie war der gute Egid ein ganz klein wenig enttäuscht und murmelte vor sich hin:

„Wär vielleicht schöner gewesen, wenn's beim Schußfieber geblieben wär'. War so friedlich gewesen, da heraußen."

Er fühlte andere Zeiten auf sich zukommen, und er hatte recht. Beim nächstenmal fand er sie auf dem Hochsitz neben sich gezwängt, und als eine Geltgeiß austrat – ein Stück, das in den Abschußplan paßte –, flüsterte Tina mit leuchtenden Augen: „Gib mir die Büchs', Egid, die schieß' ich!"

Er kam nicht dazu, darauf hinzuweisen, daß sie mangels Jagdscheins dazu nicht berechtigt sei. Sie zielte bereits, hielt den Lauf in den Wildkörper und drückte ab. Die Altgeiß fiel wie hingemäht zur Seite, schlegelte kurz und war verendet. Aber vergeblich wartete Tina auf ein „Waidmannsheil!" von seiten des Jagdgefährten.

Der saß bleichen Gesichts neben ihr und sagte mit tonloser Stimme: „Weißt du, was du jetzt gemacht hast? – Du hast eine Rehgeiß gewildert!"

Tina drückte ihm einen Kuß auf die Wange: „Kann sein, aber Spaß hat's g'macht, ungeheuren Spaß!"

Nun drängte Egid mit aller Bestimmtheit darauf, daß Tina die Jägerprüfung wiederhole.

„Vor diesen halbuniformierten Affen, die die edle deutsche Waidgerechtigkeit mit dem Löffel gefressen haben – nie und nimmer! Hab' ich nicht meine Jägerprüfung bestanden vor *dir*, hab' ich nicht bildsauber geschossen und das scharfe Messer gehandhabt wie ein erlernter Metzgermeister? Nein, ich mag nicht, lieber geh' ich wildern!"

Egid entwand sich ihren Armen und knurrte böse: „Aber nicht bei mir!"

Aber er hatte sich längst an die heißen Nächte im Schlafraum der Jagdhütte gewöhnt; Mannesfeuer war in ihm hochgelodert, das im erkalteten Ehebett schon erloschen schien, er konnte seine Diana nicht mehr missen, auch wenn sie nun offensichtlich dabei war, auf Abwege zu geraten.

Wie konnte dies verhindert werden? Am einfachsten, indem er ihre Jagdbeute als die seine ausgab. Das ging lange gut, wenigstens solange Tina neben ihm auf dem Hochstand saß. Dann forderte sie, den Ansitz alleine und selbständig auszuüben.

„Ich bin jetzt soweit, ein Fehlabschuß wird nicht vorkommen."

Auch das machte er mit.

Dann fiel ein Schuß nahe der Reviergrenze, ja eigentlich schon drüber. Als Tina das Wild an den Fleischerhaken hängte und gekonnt wie gewohnt aufbrach, äußerte sie gelassen und ohne jegliche Gewissensbisse: „Kann einige Meter drüberhalb gewesen sein, aber der Kerl ist sowieso mit dem Abschuß im Rückstand!"

Da war Schluß und Amen. Egid verbot ihr, wenn auch blutenden Herzens, das zukünftige Betreten seines Reviers.

Eine schöne Zeit war zu Ende, aber nicht unbedingt eine aufregende – die sollte erst beginnen...

Inzwischen hatte Egid seinen Jagdaufseher, den alten Steffl, über die neue Lage informiert und bei einem Aufgriff um schonende Behandlung gebeten; das heißt, es sollte bei einer Verwarnung bleiben und bei Widerstand Begleitung zur Jagdhütte und Inkenntnissetzung des Jagdherrn.

Lange geschah nichts. Die schöne, schwarzhaarige Tina, alias Diana, schien sich an Egids Revierverbot zu halten, obwohl der Jagdpächter ein solches bei einer Person, die nach dem Stand der Dinge unbewaffnet war, gar nicht aussprechen konnte.

Eines Tages aber vermeldete der alte Steffl seinem Jagdherrn, daß in die Jagdhütte eingebrochen worden sei. Egid eilte mit ungut en Gefühlen zum Tatort und wußte Bescheid: Der stählerne Gewehrschrank war geöffnet, und die alte Bockbüchsflinte – als Reservekartaune gedacht – war weg. Nur zwei Menschen wußten, wo der Schlüssel deponiert war: der Jagdaufseher und – Tina.

Nun galt es, das offenbar außer Rand und Band geratene schießnarrische Weibsbild dingfest zu machen, ehe der Fall vor den Richter und somit an die Öffentlichkeit kam.

Und eines Tages saß die schöne Tina auf der Bank vor der Jagdhütte, ohne Bockbüchsflinte, aber einen furchtbar z'wideren Jagdaufseher neben sich und wartete auf sowas wie das Jüngste Gericht, denn Egid war schon herbeigerufen worden. Als dieser mit seinem Geländewagen aufkreuzte, schien es dem alten Steffl angebracht zu verduften.

Gar furchtbar war der Auftritt des Revierpächters und Vorsitzenden der Prüfungskommission Egid Kranzmoser: „Da gibt sie eine Annonce auf, schreibt von Begleitung auf der Jagd, von kameradschaftlichem Verhältnis, und ich Trottel lasse mich darauf ein! Und sie, was tut sie? Sie stellt sich als unbeherrschtes Flintenweib heraus und reißt einen altbewährten Waidmann, der in der Hege und Betreuung der Geschöpfe der Natur seine Lebensaufgabe sah, hinein in den Sumpf der Unmoral. Das ist gemein und abscheulich!"

Tina saß da, ein Häuferl Elend. Die Tränen kollerten über ihr Gesicht, das der Schöpfer in einer launigen Stunde auf das Schönste modelliert hatte, und Egid kam das Mitleid an.

Er trocknete ihr die Tränen mit seinem Taschentuch, nahm ihre zitternden Hände in die seinen, und da stieg sie wieder hoch, die Hinneigung, die Leidenschaft zu diesem geglückten Produkt der Natur. Und wo das Ganze endete, war abzusehen – nämlich im rotweiß karierten Bett der Schlafkammer.

Es kamen wieder schöne Tage für die beiden, allerdings nicht für das Wild, denn ein früher Winter war herangerückt. Da erlebte Egid eine Überraschung, die ihm das Herz wärmte und alles Ungute der vergangenen Zeit vergessen ließ.

Als er den Hauptfutterplatz des Reviers kontrollierte, fand er dort einen Menschen vor, der gerade einen Sack Hafer in den Barren leerte. Er wähnte, es sei Steffl, der Getreue, aber es war Tina, die die nahrhafte Fracht in ihrem kleinen Spuckerl herbeigeschafft hatte, dazu einige Tüten rotbackiger Äpfel, sozusagen als Weihnachtsgabe, denn das große Fest der Christenheit stand kurz bevor.

Nun verzieh ihr Jäger Egid alle bisherigen Sünden und sogar noch die künftigen.

Ein Weihnachtsbäumerl in der Hütte, darunter einfache, praktische Geschenke – so erlebten sie zusammen Weihnachten, wie es früher war. Zu Haus war Egid soviel wie abgeschrieben, man wußte inzwischen von seinem Verhältnis und ließ ihn, nicht allzuschweren Herzens, gewähren.

„Einmal wird er schon wieder nüchtern werden, der alte Knacker!" – so war die Meinung des Familientribunals.

Nun war es aber beschlossene Sache geworden, daß Tina in einem letzten Anlauf die Barriere der Jägerprüfung überspringen würde, um ihrem zukünftigen Wirken im Revier die notwendige Legitimation zu verleihen. Egid dachte sogar an eine spätere Mitpächterschaft, freilich nicht zum normalen Preisanteil, eher pro forma.

Aber die Göttin der Jagd war ihrer Namensvetterin auf Erden nicht wohlgesinnt, aus welchen Gründen immer – und ließ sie durchfallen. Zwar schoß sie am Schießstand meisterlich, als Beste von allen, aber der schriftliche und mündliche Teil des „grünen Abiturs" sahen sie als Versager – sie hatte die unglaublich komplizierte Theorie mittlerweile zum größten Teil vergessen.

Der gute Egid, der Herr Prüfungsvorsitzende, war am Boden zerstört und trat kurz darauf von seinem Posten zurück. Er hatte das Gefühl, im eigenen Revier mehr als bisher benötigt zu werden. Und er irrte sich nicht.

„Ich weiß, daß ich in eurem Handwerk perfekt bin, und ihr Paragraphenritter könnt mir die große Freude meines Lebens nicht vermiesen. Ich muß schießen, ich muß treffen, ich muß die rote Arbeit tun, und kein Mensch kann mich dabei aufhalten."

Das waren die letzten Worte der schönen Tina, als sie auseinandergingen.

Sie klangen nicht gut im Ohr.

Lange hörte Egid nichts mehr von seiner einstigen Jagdgefährtin und Geliebten, die er einfach nicht vergessen konnte. Es reute ihn fast schon, sich bei der Jägerprüfung so verdammt korrekt verhalten zu haben. Es hätte Möglichkeiten gegeben, sie durchschlüpfen zu lassen, und er verfluchte seine altmodische Ehrbarkeit. Indes – er ahnte nicht, daß diese noch einmal, in einer viel dramatischeren Situation, auf die Probe gestellt werden sollte...

Der Notwinter ging vorüber; nach Aussagen des alten Steffl war an der Fütterung weiterhin ein „edler Spender" am Werk gewesen und hatte Kraftnahrung abgeladen. Sie war also noch da, seine Diana. Aber im rotweiß karierten Bauernbett seiner Schlafkammer, das ihm die schönsten Stunden seines Lebens beschert hatte, mußte Egid alleine schlafen.

Es kamen warme, trockene Frühlingstage; das Wild hatte eine gute Zeit und blieb der Fütterung fern. Die Bastgehörne glänzten in der milden Sonne. Egid war viel draußen. Voller Vorfreude sah er dem Aufgang der Bockjagd entgegen, die reichliche Haferkost hatte gut angeschlagen. Damals war es noch nicht soweit, daß die Kalorien, die dem Wild verabreicht werden durften, von der Behörde vorgeschrieben wurden und fanatische Waldschützer die abgebissenen Triebe den Rehen und Hirschen einzeln in Rechnung stellten.

Egid hatte im Verlauf der Jahre einen Rehbock herangezogen, der die Krönung seines Jägerlebens werden sollte. Er hieß Dori (Theodor). Heuer war er soweit und stand auf dem Höhepunkt: ein Achter mit knuffigen Stangen und hellglänzenden Enden; schon im nächsten Jahr würde er zurücksetzen.

Diesem Ausnahmebock galt Egids ganze Aufmerksamkeit. Aber auch die eines anderen Jägers, der den Bock gegen Ende des Maienmonats im Revier spürte. Es war Tina. Sie hatte sich auf unlauteren Wegen eine Jagdwaffe besorgt und auf einem privaten Schießstand gut eingeschossen. Ja, dieser Mannlicher-Stutzen mit Rehkaliber, aber auch für Gamswild geeignet, schoß wie Gift.

Der Tag kam heran, an dem Dori, der Ausnahmebock, sein Leben lassen sollte, draußen in seiner Waldheimat, durch einen blitzschnellen, fast schmerzlosen Kugelschlag. Mit einer Schmalgeiß als Gespielin und zugleich Wächterin stand er draußen auf der Kleewiese und naschte und rupfte.

Dann kam der Tod geflogen und mähte ihn nieder.

Der Jäger Egid auf seinem Hochstand ließ erschrocken die Büchse sinken – er hatte noch gar nicht geschossen!

Ja, geschossen und tödlich getroffen hatte Diana selbst, die auf Abwege geratene Jagdgöttin mit bürgerlichem Namen Bettina Linsmeier.

Dieselbe ließ einige Zeit verstreichen, dann begab sie sich hinaus zu ihrer Beute, griff mit einem gedämpften

Jauchzer in das prachtvolle Gehörn und machte sich umgehend an die rote Arbeit.

All dies beobachtete Jäger Egid grimmigen Gesichts vom Hochstand aus.

Hier sei noch zu erwähnen, daß er seltsamerweise kein unbedingter Hundemensch war. Für die äußerst seltenen Nachsuchen stand des Jagdaufsehers altbewährter Rauhhaardackel „Krambambuli" zur Verfügung. Diesen hatte Egid sich sicherheitshalber am heutigen Abend für den Bock seines Lebens ausgeliehen. Er hockte auf dem Rucksack unter dem Hochstand, und gemeinsam mit diesem „Krambi", der als äußerst grantig bekannt war, näherte Egid sich nun der Erlegerin, die sich unterdessen neben dem Bock niedergelassen hatte, ihm die Totenwacht hielt und dabei in aller Ruhe ein Zigarettl rauchte.

Wie ein Berserker fiel Egid über sie her: „Da saust sie zum drittenmal durch die Jägerprüfung, blamiert mich, ihren getreuen Mentor, bis auf die Knochen, und dann schießt sie mir auch noch den Bock aller Böcke vor der Nase weg! Das wird dich teuer zu stehen kommen, Mädchen, los, den Bock auf die Schulter, und ab zur Hütte!"

Aber da sah er plötzlich einen Büchslauf auf sich gerichtet: „Und wenn ich nicht will, was machst du dann?"

„Dann schlag' ich dir den Büchskolben um die Ohren!"

„Versuch 's doch!"

Und tatsächlich ging ihr Finger zum Abzug.

Ob dies nun alles Theater war oder eine ernst gemeinte Drohung, die ihn eine Sekunde später zu Boden sinken lassen würde – das war Jäger Egid völlig egal. Mit einem Wutschrei stürzte er sich auf das verrückt gewordene Weibsbild und streckte es mit einem gewaltigen Faustschlag zu Boden, wo es neben dem Superbock „Theodor" zu liegen kam.

Dann krempelte sich Egid, der gelernte Maurermeister, die Ärmel hoch, legte die erschrockene Tina – Diana –

übers Knie, riß ihr die lodengrüne Bundhose herunter und knallte auf ihren Hintern, der ihm weiß bzw. rosig entgegenleuchtete, eine Salve kräftiger Schläge, so daß sie aufjaulte und wimmerte: „Bitte aufhören, ich tu 's nie wieder, ich tu 's nie wieder!"

So rasch, wie er gekommen war, verflog Egids Urzorn, und er sagte mit gemäßigter Stimme:

„Das war 's, was der Jagdpächter Egidius Kranzmoser zu dem Fall zu sagen hat. Was der Amtsrichter dazu meint, das werden wir später sehen."

Er warf sich den Rehbock über die Schulter, und „Diana auf Abwegen" mußte mit herabgelassener Hose und ohne Mannlicher-Stutzen den Weg zur Jagdhütte antreten, vom stinkgrantigen „Krambambuli" augenblicklich ins Wadl gezwickt, sobald sie anhalten wollte.

Aber wer kennt die Menschen wirklich? Wer schaut ihnen in die tiefsten Seelenabgründe? Nicht der Pfarrer und nicht der Psychiater. Und wer verzeiht nicht einem Wesen, das er einmal herzlich geliebt, insbesondere, wenn es glaubhaft Reue zeigt? Das bringt kein Mann fertig.

Und so muß vermeldet werden, daß das rotweiß karierte Bauernbett in der Kranzberg-Jagdhütte in dieser Nacht nicht unbenutzt blieb, ein feuerroter Weiberhintern wieder Normalfarbe annahm, der grantige „Krambambuli" friedlich unter der Ofenbank schnarchte und ein exemplarischer Fall von Wilderei ungeahndet blieb.

Schöne Dinge, überschöne Dinge können keine lange Dauer haben. Die schwarzhaarige Tina – eigentlich nun nicht mehr Diana – begleitete Jäger Egid noch längere Zeit auf die Jagd, ohne Mannlicher-Stutzen, bloß mit einem Fotoapparat, aber das „Rehbockdrama" von einst warf noch immer seinen Schatten zwischen die beiden.

Schließlich lernte Tina Linsmeier einen anderen, jüngeren Mann kennen und heiratete ihn. Er war ein Förster mit einem echten alten Forsthaus und einem großen Waldbezirk, allerdings nicht im Voralpenland, sondern im Oberpfälzer Raum.

Und er war ein großer Kinderproduzent. Nacheinander purzelten sie daher: Egidius, Susanne, Annerl und Thomas.

Wir wollen der schönen schwarzhaarigen Tina und ehemaligen „Diana auf Abwegen" nicht auf den Nerv fühlen. Er hieß halt so, basta.

Unser Egid saß oft gedankenversunken in seiner Jagdhütte auf dem Kranzberg vor dem Paradegehörn seines Superbockes, den er im Jägerstüberl an schönster Stelle aufgehängt hatte.

Aus und vorbei.

Zu Hause stürzte er sich in seinen Betrieb, den er in letzter Zeit grob vernachlässigt hatte. Die Pacht seines traumhaft schönen Voralpenreviers übernahm ein befreundeter, zuverlässiger Jagdkamerad.

Eine Weile ging Egid noch mit.

Zuletzt blieb nur noch die Erinnerung... Und wenn sie stark genug ist und tief, tief drinnen im Herzen sitzt, kann man auch damit noch eine Weile ganz erfreulich leben.

Wehe, wenn der Tiger springt!

Er hieß mit vollem Namen Valentin Kreuzmeier und war in Jägerkreisen ein beliebter und populärer Mann. Er hockte gemütlich auf Hochständen herum, beobachtete die Natur und vergaß manchmal ganz, daß er ein Gewehr bei sich hatte und einen Waldhasen heimbringen wollte. Val, wie er allgemein genannt wurde, brachte gut zwei Zentner (unaufgebrochen) auf die Waage, und schon deshalb war er kein großer Pirschgänger. Seine Hochsitze baute er sich meist selber, wegen seines Gewichts und seiner Kurzatmigkeit baute er sie niedrig und besonders solid.

Jäger Val hatte auch einen Hund, der früher ein großer Bauhund gewesen war und schon Legionen von Füchsen vor die Flinte gebracht hatte. Der Hund hieß „Clown" und war eine Promenadenmischung, aber eine der gehobenen Klasse: Die Mutter war ein Rauhhaardackel, der Vater ein Foxterrier. Die guten Seiten dieser alten Jagdhunderassen hatten sich aufs beste in ihm vereinigt, er hatte eine vorzügliche Nase, und er hatte – Mut.

Im trauten Familienkreis zeigte er sich als friedlicher Hausgenosse mit einem ausgesprochenen Hang zu Spiel und Schabernack. Er konnte auf den Hinterbeinen gehen, Luftballons mit der Nase in die Luft boxen, und jeder Zirkus hätte ihn sicher gerne unter Vertrag genommen.

Aber was für den dicken Jäger Val wichtiger war: „Clown" konnte ohne Schwierigkeiten Leitern erklettern, natürlich auch Hochstandleitern. Val brauchte ihn also nicht hinaufzutragen, was bei seiner Korpulenz ein schwieriges Unterfangen gewesen wäre; „Clown" turnte ihm voraus und hatte sichtlich Spaß an der Kletterei.

Wieder einmal saß Jäger Val auf dem Hochsitz im Revier seiner Gönner und Freunde, die ihn wegen seiner absoluten Waidgerechtigkeit und Enthaltsamkeit schätzten.

Er hatte eine Rehgeiß frei, die schon Jahre kein Kitz mehr geführt hatte. Sie war ihm wohlbekannt, und er hatte sie schon mehrfach im Zielstachel seiner Büchse gehabt; aber er hatte nicht abgedrückt. Das friedsame Geschöpf mit den traurigen Augen, allein mit sich selbst, kein Kindchen mehr, das sie umkreiste, tat ihm einfach leid.

Aber heute mußte es sein, wollte er nicht seine Reputation als Jäger allmählich verlieren.

Er nahm ein Schluckerl aus seinem Cognacfläschchen und schob das Kinn vor. Er war wild entschlossen. Und beim zweiten Schluckerl war er noch wilder entschlossen. Nach dem dritten Schluckerl legte er eine Patrone ein, und nun war die alte Rehdame bereits so gut wie tot.

Der Hund an seiner Seite leckte sich die Lippen; lange schon hatte er keinen frischen Aufbruch mehr genossen. Er war inzwischen alt geworden, der stets lustige, zu allen Streichen aufgelegte „Clown". Nur noch mit Mühe hatte er die steile Leiter erklettert, sein Herr mußte kräftig nachschieben, aber schließlich schaffte er es doch, keuchend und zitternd. Es wird vielleicht das letzte Mal sein, daß Jäger Val den getreuen Hund neben sich spürt. Er streichelt seinen Kopf, krault ihm den Rücken. „Clown" räkelt sich wohlig auf dem Lodenmantel, schaut seinem Herrn in die Augen und scheint zu fragen: „Wie lange noch, Val?"

Da erscheint die Altgeiß auf der Waldwiese, und der dicke Jäger Val macht sich schußbereit. Wie lange ist's her, zwei, drei, vier Jahre, daß er nicht mehr den Donner losgelassen hat, vor dem alle Tiere des Waldes erschrecken?

Diesmal kennt er keine Gnade. Er zielt auf das Blatt. Doch ehe er abdrückt, ein Lebewesen auszulöschen, hebt die Geiß ruckartig ihren alten ausgezehrten Kopf, gibt einen Laut tiefen Erschreckens von sich und flüchtet zurück in den Bestand.

Jäger Val rauft sich einesteils die spärlichen Haare, andernteils zieht ein Gefühl der Erleichterung in sein Herz. Es müssen Spaziergänger unterwegs sein, und sie haben – unbewußt und ohne böse Absicht – das Urteil gesprochen. Noch einmal Freispruch für die alte Dame.

Val ist nicht übermäßig verärgert. Und er genehmigt sich ein weiteres Schluckerl Cognac. Und dann noch eins, und dann noch eins, bis das Fläschchen leer ist. Aber die Spaziergänger, die er erwartet und die er sich vorgenommen hat, in milden Worten zu ermahnen, den Jagdbetrieb nicht unnötig zu stören – diese Spaziergänger erscheinen nicht.

Dafür erscheint ein anderes Wesen, nämlich eine Katze auf leisen, samtenen Pfoten.

Jäger Val nimmt sein Jagdglas an die Augen.

Die Katze ist abnormal groß, sie ist sogar riesig groß, und sie ist gestreift wie ein Tiger.

Jäger Val stellt mit zitternden Händen das Glas scharf – es ist ein Tiger!

Er glaubt, zu träumen, wischt sich den Schweiß von der Stirn, schaut nochmals, nochmals, aber es gibt keinen Zweifel. Was da heranpirscht, lautlos, mit schwingendem Rücken, ist die Großkatze aus Indiens undurchdringlichen Bambusdschungeln – der Tiger!

Tiger ... Tiger ... dröhnt es durch sein Hirn. Der kleine „Clown" an Vals Seite hebt den Kopf, zieht die Luft ein – diese süßliche, gefährliche Raubtierluft –, und er, der Held so mancher Schlachten am Fuchsbau, mieft kläglich und verkriecht sich unter dem Lodenmantel.

Nun ist der dicke Jäger Val wieder ganz hellwach. Er rekognosziert die Lage wie folgt: Tiger aus Wanderzirkus oder Wildpark entkommen, Wärter und Polizei bereits auf seiner Spur – Ruhe ist die erste Bürgerpflicht! Auf seinem stabilen Hochsitz fühlt er sich in absoluter Sicherheit. Er hat nie einen Tiger im Zirkus Jägerleitern erklimmen gesehen. Wenn sie kletterten, dann höchstens auf ihr angestammtes Podest, und wenn sie sprangen, dann durch den Feuerreifen, der ihnen kein Haar versengte.

Indessen kommt der Tiger näher und macht sich an Jäger Vals Hochstand zu schaffen. Für einen Moment hebt er den schweren Kopf und schaut hinauf: Auge blickt in Auge. Das des Tigers ist unergründlich, in des Jägers Augen aber loht nun die nackte Angst.

Val greift zu seiner Büchse, aber sie ist von nur geringem Kaliber, zwar ausreichend für eine alte, mürbe Rehgeiß, aber nicht für eine kraftstrotzende und vielleicht hungrige Großkatze.

Ja, das ist es, sie hat Hunger! Seit ihrem Ausbruch, der gewiß nur der Schlampigkeit und dem Leichtsinn des Personals zuzuschreiben war, hat sie nichts Vernünftiges mehr gefressen. Sie, die Tigerdame, ist es gewohnt, verwöhnt zu werden. Und sie rechnet damit, daß ihr Wärter irgendwann einmal auf ihrer unfreiwilligen Odyssee auftauchen wird, um sie mit einem leckeren Pferdeschenkel zu atzen.

Er kommt aber nicht. Sie ist beleidigt, und schließlich wird sie regelrecht ärgerlich. Ja, sie war ärgerlich. Sie hebt ihre schwere Tatze in die erste Sprosse der Hochstandleiter, denn da oben sitzt ein gewaltiger Brocken Fleisch. Zwei Zentner, wie gesagt, unaufgebrochen.

Der dicke Jäger Val spürt, wie ihm die Gänsehaut am Genick hinaufkriecht, und richtet seine geladene Büchse nach unten. Nein, um Gotteswillen, er will nicht schießen, er kann nicht schießen, denn der Lauf der Waffe wackelt und zittert wie ein Affenschwanz, und selbst wenn Val träfe, er würde das Tier nur verwunden, in maßlose Wut versetzen, zu einem gewaltigen Sprung aufstacheln – und dann wäre er verloren. O hätte er seine Hochsitze doch etwas höher und die Leitern steiler gebaut!

In diesem Moment hat Val entsetzliche Angst, ja sogar Todesangst. Und „Clown", der unerbittliche Fuchstöter, hat sie auch. Der kann sich das aber leisten, denn er ist schon alt. Ja, alt und hinfällig, er hat ausgedient. Krankheit und Siechtum würden die unerbittlichen, grausamen Begleiter seiner letzten Tage sein. – Wäre da nicht ein schnelles Ende besser?

So geht es Jäger Val durch den Kopf.

Nun hat sich der Tiger niedergeduckt, seine Muskeln spannen sich, die Schwanzspitze zuckt, er ist wild entschlossen, der Sprung steht kurz bevor.

Und würde es ihm auch nicht gelingen, seine Beute im ersten Angriff zu fassen, er würde den Sprung wiederholen, ein zweites, ein drittes Mal, bis der Hochsitz zusammenkracht. Das wäre das Ende.

Da tut Jäger Val etwas Fürchterliches, Entsetzliches! Um sich selbst zu retten, opfert er seinen alten, getreuen Hund: Er wickelt ihn in seinen Lodenmantel, auf daß er sich die alten, dünnen Beinchen nicht breche, gibt ihm einen Schubs und wirft ihn hinunter.

In diesem Augenblick geht ein Riß durch sein Herz, und dessen eine Hälfte trennt sich von der anderen. Die eine, bessere, entweicht seinem Brustkorb und entflieht tief beschämt; die zweite, schäbige, ans Überleben bedachte, bleibt zurück und preist seinen Entschluß.

Als „Clown" unten gelandet ist, geschieht aber etwas Unerwartetes. Statt von dem Tiger geschlagen und als längst fälliges Abendbrot verzehrt zu werden, wird er von diesem mit äußerster Freundlichkeit, ja sogar mit überschwenglicher Freude begrüßt. Die Tigerin – denn um eine solche handelt es sich – schnuppert den vor Angst fast toten Hund von vorne bis hinten ab, beleckt ihn ausgiebig, legt sich auf die Seite und wälzt und schabernackt mit ihm herum, bis „Clown", dem freudig Überraschten, fast die Luft ausgeht.

Dem dicken Jäger Val auch.

Nur wenige Minuten später erschien ein Fahrzeug auf dem Plan, dessen Anhänger mit dicken Gitterstäben versehen war und keinen Zweifel daran ließ, daß es sich um einen Transportwagen für Raubtiere handelte.

Ihm entsprang ein Hund, zum Verwechseln ähnlich mit Jäger Vals „Clown". Er war, seit langen Jahren, der Tigerin Intimfreund und Partner in einer überaus originellen und seltenen Zirkusnummer. Der Hund, in dem Generationen von undefinierbaren Straßenkötern verschmolzen waren, wurde seltsamerweise „Clown" gerufen wie Jäger Vals in Ehren ergrauter Fuchstöter, und wahrscheinlich roch er auch so. Der Herr Dompteur konnte auf seine Peitsche verzichten, und „Clown II" führte die Tigerin anstandslos hinter ihre Gitterstäbe zurück.

„Clown I" liegt längst draußen im Wald, unter einem schattigen Baum begraben.

Jäger Val aber hat mit seinem schäbigen halben Herzen weiterleben müssen. Ist ihm gar nicht gut bekommen...

Jäger „Down" ergreift das Hasenpanier

Er hieß Heinrich Rießkalt und war Pächter eines Jagdreviers im Hohen Taunus, wo seit alters her neben Reh und Has' auch Hirsche und Sauen ihre Fährten ziehen.

Mehr noch wie als Jäger, war er als Rüdemann in weitem Umkreis bekannt, ja eher berüchtigt. Denn als Vorbild für die grünen Waidgenossen konnte er nicht dienen, schon gar nicht für die Armada der Jungjäger, denen nebst dem rauhen Jägerhandwerk auch die Liebe zur Kreatur eingeprägt worden war.

Rießkalt scherte sich darum einen Dreck; er war Herr seines Reviers und Herr seiner Hunde.

In seinem Zwinger hielt und züchtete er den Hannoverschen Schweißhund, eine altbewährte Jagdhunderasse, kräftig im Bau und mutig im Charakter. Aber außer diesen von der Natur mitgegebenen Eigenschaften verlangte Rießkalt absoluten Gehorsam, sklavischen Gehorsam, Millimetergehorsam. Das war es, was ihn von seinen Jagdkameraden unterschied, und eines Tages mußte er vom Forstamtmann Hegenbarth hören: „Lieber Heinrich, deine Hunde habe ich noch nie mit lustig wirbelndem Schwanz gesehen, die haben ihn zwischen die Beine geklemmt. Ich glaube, da machst du was falsch."

„Nichts falsch", murrte Rießkalt, „der Hund steht unter mir, ganz weit unter mir, und im übrigen geht euch das einen Dreck an, was ich mit meinen Kötern mache."

Rießkalts Lieblingskommando war das Wort „down". Das bedeutet Niedertun, mäuschenstill verharren, ohne Eigenregung liegenbleiben, selbst wenn rundum die Welt untergeht.

Ein Widersetzen, selbst ein Zucken, einen Augenaufschlag strafte Rießkalt brachial. „Down!" donnerte es durch sein

Revier, und immer wieder „down", und die Getreuen fielen in sich zusammen und waren keine Lebewesen mehr, nur noch Empfangsantennen für seine fürchterlichen Kommandos. Jagdlichen Nutzen hatten sie kaum noch, aber das war Rießkalt egal; er schoß eine scharfe Kugel, und Nachsuchen kamen kaum vor.

Da trat „Timm" auf den Plan.

Schon als Welpe fiel er auf durch seine gedrungene Gestalt und sein ruhiges, gelassenes Wesen. Seine Brust war breit, der Kopf dunkel, fast schwarz, und aus diesem Schädel leuchteten zwei helle, aufmerksame und unerschrockene Augen.

„Das wird ein ganz Besonderer", meinte der Forstamtmann Hegenbarth, „falls du ihm genügend Raum läßt in seiner Entwicklung."

„Kriegt er, kriegt er", versicherte Rießkalt lebhaft, aber seine Miene wurde eisig, als Hegenbarth fortfuhr: „Ein einziger Fußtritt bei diesem Burschen, und statt einem Freund hast du einen Gegner, der dir das im ganzen Leben nicht verzeiht!"

„Woher willst du das wissen?" fuhr Rießkalt auf, „bist du Hundepsychologe? Gehorsam, das verlange ich auch von diesem da; die Mittel, ihm diesen Gehorsam einzubleuen, mußt du schon mir überlassen. Streicheln können ihn andere."

„Der hat nichts dazugelernt", murmelte der Forstamtmann, als er in sein Auto stieg.

„Arschloch!" knurrte Rießkalt hinterher und begab sich in den Zwinger, um sich an „Timms" fehlerlosem Äußeren zu weiden.

Heinrich Rießkalt war Besitzer einer gutgehenden Fabrik für optische Geräte mit Sitz in Frankfurt. Am Rand der Stadt hatte er sich einen Bungalow gebaut, der allen Anforderungen eines modernen Lebensstils genügte. Dort wohnte er mit seiner Frau und seinem Töchterchen. Wie so oft bei dominierenden Vätern, fühlte er sich diesem Töchterchen besonders zugetan und umgekehrt. In ihrer Gesellschaft wurde der sonst so eisenharte Mensch butterweich. Das Töchterchen hieß Diana, wie es sich für einen Jägervater gebührt, und wurde zärtlich „Dinchen" gerufen.

Mit Befremden mußte Rießkalt eines Tages feststellen, daß Dinchen, das sonst allen möglichen Hobbys einer Tochter aus betuchtem Hause nachging, sich eines Tages für den Hundezwinger interessierte.

„Warum läßt du sie denn nicht frei laufen, wir haben doch genug Platz im großen Garten? Warum zittern sie denn, wenn du an den Zwinger trittst, und bei mir wedeln sie mit dem Schwanz?"

Mit solch unangenehmen Fragen sah sich der Herr Papa konfrontiert und mußte auch noch erleben, wie sein Töchterlein, sein Liebling, sein Alles, durchaus selbstbewußt in die künftige Hundehaltung eingriff, den Zwinger öffnete und die ganze Bande kläffend und jaulend in wilden Sprüngen über den Rasen tobte.

Das aber war dem Jäger und Rüdemann Rießkalt zuviel. Ein schriller Pfiff aus der Hundepfeife, dann das laut schallende Kommando „Down!" und alle lagen sie platt am Boden – bis auf die Erzeugnisse aus dem letzten Wurf, die sich unbeeindruckt in den Gemüsebeeten ergingen und dort ihre Notdurft verrichteten. Dinchen aber war tief erschrocken.

Der Herr Papa schlang den Arm um sie: „Das muß sein, Mädel, ich will ja keine Wölfe aufziehen."

Dinchen sah treuherzig zu ihm auf: „Aber den Dicken, den Pummeligen da, den läßt du mir, das wird bestimmt kein Wolf."

Und sie ergriff den kleinen „Timm" mit seinem fast rußschwarzen Kopf, drückte ihn an ihre flache Mädchenbrust und trug ihn ins Haus.

„Ausgerechnet den", fluchte Rießkalt, und auf seinen Pfiff jagten die Hunde wie aufgeschreckte Hühner zurück in den Zwinger.

Nur ein kleiner zurückgebliebener Welpe schloff zwischen seine Beine und schnupperte an seinen Stiefeln herum.

Rießkalt sah verächtlich auf ihn herab: „Kreatur, mehr bist du nicht, hau ab!" Und mit einem Fußtritt beförderte er ihn zu den anderen in den Zwinger.

Dinchen hatte es nicht gesehen, sonst wäre ihr das Herz erstarrt. Der dicke „Timm" saß derweil auf ihrem Schoß und genoß das Streicheln ihrer Hand. Es war das letzte Streicheln für lange Zeit, denn nun ging Rießkalt an die Ausbildung des jungen Rüden, der einmal sein Spitzenhund werden sollte – absolut schußfest, unbeirrbar auf der Schweißfährte, treu wachend am gestreckten Wild und, wenn es sein mußte, mannscharf bis zur Selbstaufgabe.

Rießkalt nahm sich für das Erreichen dieses Ziels sehr viel Zeit. Er bändigte seine Ungeduld, drosselte sein herrisches Organ, verzichtete auf die Peitsche, die in das Fell seiner anderen Hunde so manche Narbe gegraben hatte – und „Timm" gedieh allmählich zu einem willigen, brauchbaren Jagdbegleiter.

Er hockte brav auf dem Rucksack, wenn Herrchen auf der Kanzel saß, und nahm zielstrebig und ohne Hektik die Rotfährte auf, wenn der Jäger ein Stück „angeflickt" hatte, was äußerst selten geschah.

Menschen, die sich im Wald ergingen, begegnete „Timm" teilnahmslos; manchmal, wenn sie weiblichen Geschlechts waren, sogar freundlich. Aber sollte sich jemand erdreisten, näher als einen Meter an das Herrchen heranzutreten, war der Ansprung mit gefletschtem Gebiß sicher.

Was konnte man von einem Jagdhund mehr erwarten?

In letzter Zeit waren in Rießkalts Revier immer wieder Sauen aufgetaucht, was dieser – im Gegensatz zu den Bauern – mit großer Genugtuung zur Kenntnis nahm. Er war aber mit dem Wildschaden nicht kleinlich, so daß sich das Gezeter der Betroffenen in Grenzen hielt. In der Fabrik hatte er mittlerweile einen äußerst tüchtigen und gewissenhaften Prokuristen sitzen, und mehr als früher konnte Rießkalt es sich leisten, der Jagd zu frönen, was seine Gattin nicht übermäßig verdroß, denn als abendlicher Gesprächspartner war der gute Heinrich unergiebig, und sein Eifer im Ehebett hatte mit dem Überschreiten der Fünfzig beträchtlich nachgelassen. Wer ihn vermißte, war Dinchen, das Töchterlein, So oft es sich einrichten ließ, begleitete sie ihn daher auf die Jagdhütte, nicht so sehr, um Papa mit ihren bescheidenen Kochkünsten zu erfreuen, vielmehr um „Timm", ihrem Liebling, nahe zu sein.

Es herrschte ein gutes, ja ausgezeichnetes Klima auf der Hütte. Dinchen tat mit beschränktem Eifer ihren Hausfrauenpflichten Genüge und machte ihre Schulaufgaben; Vater Rießkalt beschäftigte sich mit seinen Waffen, und „Timm" lag unter Dinchens Bett und schnarchte.

Am frühen Abend ging es auf zur Jagd. „Timm" schoß wie eine Rakete unter dem Bett heraus; Dinchen verriegelte die Hüttentür und widmete sich ihrem Walkman. Angst kannte sie keine, das hatte sie wohl von ihrem Vater geerbt.

Oft kam Rießkalt spät des Nachts zurück, meist mit Beute, die dann, fachgerecht aufgebrochen, im kühlen Holzschuppen an einem Fleischhaken baumelte. In letzter Zeit war auch manchmal eine Sau darunter, die Rießkalt mit gutem Schuß abgefangen hatte, bevor sie in die Bauernflur aufgebrochen war.

Dann kam ein Tag – ein fürchterlicher Tag für Jäger Rießkalt und, mehr noch, für den Jagdhund „Timm", der bisher alle Aufgaben so meisterlich gelöst hatte.

Rießkalt hatte einen Überläufer angeschweißt, und „Timm" wurde auf die Wundfährte gesetzt. Eifrig nahm er sie an. Rießkalt pirschte vorsichtig hinterher und wartete auf den Hetzlaut. Aber es kam keiner, und auch nicht das Totverbellen, das „Timm" mit abgrundtiefem Baß vor dem verendeten Stück Rehwild immer so unnachahmlich gezeigt hatte.

Statt dessen ein Winseln, ein Aufjaulen, und „Timm", der Superjagdhund, preschte aus dem Bestand. Hinter ihm ein Wildschwein, das noch gar kein richtiges war, und hinaus ging's auf die Feldflur, der Hund jetzt heulend, ja regelrecht kreischend in Angst und Todesnot, und hinter ihm das kleine schwarze Bündel aus Wut und Energie. Dann verlor Rießkalt die beiden aus den Augen.

„Alles hat er", murmelte Rießkalt tief enttäuscht, „nur kein Herz!" Als er zu seinem Geländewagen kam, den er am Feldweg geparkt hatte, kroch der Hund unter dem Auto hervor, gekrümmt, demütig, den Schwanz zwischen den Hinterbeinen und in den Augen Angst, nichts als die pure Angst.

Rießkalt warf ihn grob in den Wagen, dann machte er sich auf die Suche nach der Sau. Er fand sie, wenige Meter entfernt, verendet. Die kleinen dunklen Äuglein blickten ihn an, und Rießkalt war, als hörte er den kleinen Kerl sagen: „Ja, wir Sauen, wie verstehen keinen Spaß! Beim nächsten Mal mußt du schon besser zielen oder dir einen anderen Hund anschaffen, einen Packer, einen Würger, nicht so einen traurigen Salonlöwen."

An der Jagdhütte angekommen, warf Rießkalt den immer noch zitternden „Timm" dem erschrockenen Dinchen vor die Füße: „Da hast du ihn, deinen Teddy-Ersatz, mach mit ihm, was du willst, mein Jagdrevier sieht der nie wieder!"

Nun hatte Jäger Rießkalt auch alle Freude an dem Hannoverschen Schweißhund verloren. Er löste den Zwinger auf; die Hunde verscherbelte er gegen ein Spottgeld an meist private Halter.

Nur „Timm" blieb im Haus, geliebt und gehätschelt von Dinchen, abgrundtief verachtet von seinem bisherigen Herrn.

Nun hatte Rießkalt keinen Hund mehr, der ihn auf die Jagd begleitete, und kein Lebewesen mehr an seiner Seite, das er mit seinem herrischen „Down" zu Boden zwingen konnte! Das machte ihm zu schaffen, um so mehr, als auch sein geliebtes Dinchen der Jagdhütte künftig fernblieb und lieber mit dem dicken „Timm" im Garten herumtollte.

Rießkalt trug sich mit dem Gedanken, einen neuen Hund anzuschaffen. Unter den bewährten Jagdhunderassen wurde er nicht fündig. Vom Charakter und Gebäude her neigte er noch am ehesten dem Deutsch-Kurzhaar zu, aber der war ein ausgesprochener Vorsteher, unentbehrlich bei den herbstlichen Feldstreifen, kaum eingesetzt im Hochwildrevier.

Unterdessen hatte Rießkalt eifrig auf Schwarzwild gejagt. Es war sein Lieblingswild geworden; der stolze Hirsch interessierte ihn nur noch am Rande. Allerdings: Ein Hauptschwein oder gar ein wehrhafter Keiler war ihm noch nicht vor die Büchse gekommen. Oft dachte er an den kleinen tapferen Überläufer, der seinem „Timm", dem „Superhund", das Fürchten gelehrt hatte – und das samt der Kugel, die in seinen Rippen steckte.

Rießkalt hatte sich für längere Zeit in seine Jagdhütte abgemeldet und traf seltsame Vorbereitungen. Er schnitzte und polierte, schnitt Lederstreifen, die er um einen schlanken Schaft aus Hickory wand, dem Holz der kanadischen Esche, unübertroffen an Härte und Zähigkeit. Dann beauftragte er einen Schmied mit der Herstellung des Blatts, doppelseitig gehärtet und messerscharf geschliffen. Schließlich hielt er das fürchterliche Mordinstrument zum erstenmal in der Hand – eine Saufeder.

Rießkalt dachte allen Ernstes daran, die alte, mannhafte Jagd auf das tapfere, ritterliche Wild wiederaufleben zu lassen. Aber es gibt kein Beispiel in der Jagdgeschichte, daß ein Sauenjäger alter Schule einem angeschweißten Bassen ohne Gehilfen gegenübergetreten wäre. Diese Gehilfen waren die Sauhunde, eminent scharfe, unerschrockene Kreaturen ohne Stammbaum, mit Ringelschwänzen und Schlappohren, aber einem Gebiß, das Eisen zerbrach. Ehe der tödliche Stoß dem Bassen ins Herz fuhr, war einer oder zwei der Packer meist auf der Strecke geblieben – ein Opfer, das der heutige Waidmann nicht mehr zu erbringen gewillt ist. Somit gehört die Saujagd früherer Zeiten inzwischen der Vergangenheit an.

Rießkalt aber begab sich auf die Suche nach einem „Packer". Einer genügte; sein Schuß aus dem großkalibrigen Repetierer würde die Sau im Wundlager bannen. Der Hund hätte nur für Ablenkung zu sorgen, und, schon im Verenden des urigen Wildes, würde Heinrich Rießkalt Schluß machen mit einem Stich ins tapfere Herz.

War er, der Pächter eines Taunus-Reviers und Vater einer liebenswerten, bildhübschen Tochter, ein Psychopath? Eines jener Exemplare unter der grünen Zunft, für die das Tragen der Büchse Machtausübung bedeutet, das Töten Befriedigung, weil sie im alltäglichen Leben Schlappschwänze sind, Unterdrückte, die „down" machen, wenn eine echte Aufgabe an sie herantritt? Nein, zu dieser Gattung Jäger gehörte Rießkalt nicht. Er war ganz einfach ein harter Brocken, absolut furchtlos, mit eiskalten Nerven, und er gedachte diese Eigenschaften, die er für die edelsten Mannestugenden hielt, auszuloten bis an die letztmögliche Grenze.

Schließlich war der Hund, der zukünftige Partner bei der Sauenjagd gefunden – ein Mischprodukt aus Terrier und englischer Bulldogge, vom Aussehen her völlig mißglückt, nicht aber von den Eigenschaften. Der Terrier-Vater spendete den Mut, die Aggressivität, die Bulldoggen-Mutter die Kraft der Muskeln und die Wucht des Gebisses. Eine furchterregende Mischung.

Diese Monstren werden vorwarnend als sogenannte „Kampfhunde" bezeichnet, und je nach Erziehung könne sie sanfte Lämmer sein oder wahre Bestien. Rießkalts Neuerwerb war ein Lamm mit Bestie im Hintergrund. Er hieß „Grimm": kinderfreundlich, sogar Katzen nicht abgeneigt, erwies er seinem Namen vorerst keinerlei Ehre, und Rießkalt trug sich schon mit dem Gedanken, den Kauf rückgängig zu machen.

Da kam es zum Zusammentreffen mit dem Hund aus der Nachbarschaft, einem älteren, gewichtigen Bernhardiner. Nun zeigte sich „Grimm" von der anderen Seite, und wäre nicht Rießkalt dazwischengefahren, wäre eine geschmalzene Tierarztrechnung auf ihn zugekommen, und dazu noch eine Feindschaft auf Lebenszeit.

Nun wurde „Grimm" in den Zwinger verbannt, aber Rießkalt rieb sich die Hände. Der Kerl hat anscheinend einen Schwäche für das Harmlose, das Kleine, überlegte er, wohingegen ihn das Große, Wehrhafte, aus der Fassung brachte – wahrhaft ein heroischer Charakterzug!

Und Rießkalt rieb sich nochmals die Hände, denn groß und wehrhaft war ja auch das Schwarzwild. Hatte er durch Zufall den idealen Sauhund erwischt?

Es würde sich herausstellen...

Vorerst ging Rießkalt daran, den Hund jagdlich abzuführen, wie es in der Jägersprache heißt. Dabei war er, wie einst bei seinen Hannoverschen Schweißhunden, nicht zimperlich, und das Kommando „Down!", diese Forderung nach absolutem Gehorsam, nach Unterwerfung, schallte wieder und wieder durchs Revier und rief schließlich den Forstamtmann Hegenbarth vom angrenzenden Staatswald auf den Plan.

Der besah sich skeptisch Rießkalts Neuerwerb und meinte:

„Vorne Terrier, hinten Bulldogge... Wenn der vordere Teil obsiegt, dann hast du vielleicht Glück gehabt. Deine Hannoverschen hast du ja aufgearbeitet, vielleicht hält der dir stand, ich wünsch' dir jedenfalls viel Glück!"

Wenige Wochen später trafen sie wieder an der Reviergrenze zusammen, und Hegenbarth erkundigte sich scheinheilig:

„Na, Heinrich, mit dem Gehorsam scheint 's noch nicht richtig zu klappen, dein berühmtes ‚Down!' nimmt er wohl nicht zur Kenntnis. Weiß du übrigens, daß du inzwischen einen Spitznamen hast? Und wie heißt er wohl? ‚Jäger Down' heißt er."

Rießkalt fuhr sich unbehaglich mit dem Finger in den Hemdkragen, da erst sah Hegenbarth die Gabel in dessen Hand.

„Was machst du denn damit?" fragte er verwundert.

„Das", knurrte Rießkalt, stieß mit dem Stiel und drückte dem Hund den Kopf auf den Boden. „So macht es ‚Jäger Down', wenn der Bursche absolut nicht parieren will. Das kannst du ruhig weitererzählen!"

Dem Forstamtmann Hegenbarth, selber Hundehalter, allerdings nur von Rauhhaardackeln, schoß das Blut in den Kopf.

„Das ist ja Wahnsinn", brüllte er, „das kann man doch mit einem Hund nicht machen! Mein alter ‚Wichtl' würde dir das nie verzeih'n und dir bei der nächstbesten Gelegenheit an die Gurgel fahren!"

Und er schritt kopfschüttelnd, den in Ehren ergrauten „Wichtl" an der Leine, davon.

Jetzt hätte Rießkalt nachdenken müssen, aber er tat es nicht. Das brachte ihn beinahe an den Rand des Todes.

Ein Keiler war aufgetaucht im Revier, kein kapitaler zwar, aber jagdbar, insbesondere als die Bauernrevolten infolge der stetig steigenden Wildschäden gefährliche Ausmaße annehmen.

Rießkalt schoß, traf ihn nicht weit hinter dem Blatt, und der Schwarzkittel sackte zusammen.

Er stieg von der Kanzel, schnallte seinen Hund und folgte ihm vorsichtig, die Saufeder in den Fäusten. Als er hinkam, sah er mit großer Genugtuung, daß „Grimm" auf des Keilers Rücken hockte und ihn kräftig zauste. Es war ein Bild wie auf einem alten Kupferstich, und Rießkalt beendete den Akt mit einem wohlgezielten Herzstich. Alles war nach Programm verlaufen, und er brüllte Richtung Staatsforst: „Macht das einmal nach, ihr Memmen!" Dann brach er den Keiler auf, belohnte den tapferen „Grimm" mit einem Teil des Gescheides und schritt zur Jagdhütte, höchste Genugtuung im Herzen.

Zwei-, dreimal in der Folge wurde ihm ein ähnliches Waidmannsglück beschert, dann kam jener Tag, der dem furchtlosen, kaltschnäuzigen Jäger Rießkalt den Angstschweiß auf die Stirn trieb. Wieder hatte er eine Sau beschossen, und diesmal war es wohl ein grober Keiler. Die Kugel schien ihm etwas zu weit oben plaziert, und nur nach einer ausgedehnten Zigarettenpause wagte er es, den Hund zu schnallen. Seine Hände waren schwitzig, als er den Sauspieß umkrampfte; er hatte diesmal kein gutes Gefühl. Mit Recht. Schnaubend und die Waffen wetzend erhob sich der Keiler aus dem Wundlager. Der Hund verbellte ihn wütend, hielt aber hinreichend Abstand.

Ein angeschweißter Keiler ist sicher der gefährlichste Gegner der europäischen Wildbahn. Kein Luchs, kein Wolf, kein Bär kann ihm das Wasser reichen, und schon in historischen Zeiten waren es die wütenden Bassen, welche die Hosen und Bäuche der Jäger aufschlitzten – es sei denn, sie retteten sich auf einen gut ersteigbaren Baum. Ein solcher stand nicht in Rießkalts Reichweite. Der

Keiler, anscheinend noch bei voller Lebenskraft, schickte sich zum Generalangriff an, überrollte den Hund und nahm seinen Feind an, als den er Jäger Rießkalt mit seinem vorsintflutlichem Sauspieß erkannte.

Was sollte er tun, der sonst so furchtlose, eisenharte Knochen? Die männliche Ehre gebot ihm tapferen Widerstand, der Selbsterhaltungstrieb aber befahl ihm, so rasch als möglich das Hasenpanier zu ergreifen. Er gehorchte dem letzteren, entledigte sich seines Nahkampfinstruments, der Saufeder, und hechtete mit Riesensprüngen dem Geländewagen zu, der, wie immer, am Feldweg parkte. Mit letzter Kraft enterte er in das Fahrzeug und schlug die Tür zu, indes der rasende, außer sich geratene Basse den Jeep, allerdings vergeblich, aus den Angeln zu heben versuchte.

Dann zog er grunzend und blasend, aus dem mächtigen Genick leicht schweißend, ab, ohne „Grimm", den Saupacker, der in weiser Selbsteinschätzung den delikaten Vorfall aus der Ferne beobachtet hatte, auch nur eines Blickes zu würdigen.

Jäger Rießkalt aber saß schweratmend hinter dem Steuerrad. Zweifellos hatte er eine Niederlage erlitten. Aber was ihn am meisten grämte: Er war sich nicht sicher, ob er bei seiner kopflosen Flucht nicht in Angst und Schrecken aufgeschrien, ja regelrecht aufgejault hatte, wie dereinst der gute „Timm". Schande, o Schande!

Rießkalt zündete sich eine Zigarette an und machte sich Gedanken, und je mehr er sich Gedanken machte, desto kleiner wurde er selbst, ja er schrumpfte regelrecht zu einem kleinen, normalen Männlein in Jagdmontur zusammen.

Als solcher, befreit von Mannesstolz und -ehre, kam er zu Hause an, küßte seine überraschte Ehefrau auf die Stirn, herzte das Töchterlein und bedachte „Timm", der noch mehr überrascht war als die Ehegattin, mit einem gutgemeinten Streicheln des rußschwarzen Kopfes.

Der Sauhund „Grimm", der sich des Keilers mächtigen Gewaff in weiser Einsicht entzogen hatte, wurde fortan mit der Hausbewachung bedacht, freundete sich mit dem nachbarlichen Bernhardiner an und hatte ein gutes Leben.

Den „Jäger Down" aber hat es nicht mehr gegeben, der Sauspieß rostete irgendwo auf dem Dachboden dahin, und Rießkalt pirschte, einen kleinen, aber unglaublich passionierten Rauhhaardackel an seiner Stelle, durchs renommierte Taunus-Revier.

Der Dackel hieß „Wichtl" und stammte aus des Forstamtmanns Hegenbarth Zucht.

Das gefürchtete „Down" jedoch wurde im Wald nie mehr gehört, bei „Wichtl", dem Jüngeren, hätte es sowieso nichts genützt, der hatte wie der Vater seinen eigenen Kopf.

Und als Rießkalt mit Hegenbarth eines Tages an der Reviergrenze zusammentraf, überraschte ihn dieser mit der Mitteilung:

„Weißt du schon, Heinrich, daß du nicht mehr ‚Jäger Down' heißt, sondern ‚Jäger Wichtl'?"

Leicht konsterniert stapfte Rießkalt daraufhin seiner Jagdhütte zu...

Der Armbrustwilderer

Vor gut anderthalb Jahrzehnten erschien in der Gemeindekanzlei von Hinterreith ein Herr, der sich als einstweilen vom Schuldienst entbundener Studienrat Dr. Sowieso zu erkennen gab. Er käme wegen der Annonce in der Almbauernzeitung:

„Gemeinde Hinterreith sucht Viehhirt für die Sillkarhütte bei gutem Lohn und freier Verpflegung. Zu betreuen ist ausschließlich Jungvieh."

Isidor Brandl, selbst Almbauer und ehrenamtlicher Vorsteher der Gemeinde, schaute verständnislos.

„Aber bittschön, Herr Doktor, das ist doch kein Geschäft für einen..."

„Kann ich 's oder kann ich 's nicht?" fuhr ihm der Doktor ins Wort und rannte mit seinen schweren Bergschuhen wie ein Wilder in der Kanzlei auf und ab.

„Gute Füaß ham S', das siehgt ma", bestätigte das Gemeindeoberhaupt. „Aber..."

„...und was brauch' ich noch?" entgegnete der Herr Doktor und beendete mit einem Ruck seinen Marathonlauf. „Ich sehe gut, ich höre gut und habe das Dings da, das Herz, noch nie im Leben gespürt. Sie werden sagen, warum dann meine Suspendierung? Und ich sage Ihnen nur eins: die Nerven!"

„Für d'Nerven wär's gut da droben", meinte der Bürgermeister.

„Eben. Und deshalb bin ich hier, und nun sagen Sie mir, was ich zu tun habe."

„Net viel, bloß aufpassen, daß sich kein Stückl versteigt. Passieren kann so viel wie nix, weils Kar gut abgezäunt is. Jeden Donnerstag kommt a ‚Genosse' und bringt Ihnen Ihren Proviant. Jede Woch ein anderer. So ist's der Brauch.

Drei Monat bleibts Vieh drobn, Ihren Lohn kriegen S' jeden Ersten von der Genossenschaftskasse."

„Einverstanden!" sagte der Herr Studienrat, und damit hatte die kleine Berggemeinde ihre Sensation: Ein hochstudierter Mann, nicht weit weg vom Professor – als Viehhirt! Sowas hatte es noch nie gegeben, seit die Berge stehn. Wenn das bloß gut geht...

Es ging gut. Der Herr Studienrat assimilierte sich in erstaunlich kurzer Zeit und umkreiste seine Herde, die aus gut vierzig Stück Jungvieh bestand, mit dem Fleiß und der Gewissenhaftigkeit eines deutschen Schäferhundes. Als der erste „Genosse" pünktlich am Donnerstag mit seinem Proviantbinkl eintraf, fand er einen hageren, braungebrannten Mann vor, der auf einem riesigen Bergstecken lehnte und gelassenen Auges hinaufschaute zu den steilen Grashängen, von denen friedlich die Kuhglocken herunterbimmelten.

Und er vermeldete seinem Bürgermeister:

„Der Doktor macht sei Sach. Und g'sund wird er aa da droben."

Und wie er gesundete, der Herr Doktor! Gleich beim Morgengrauen sprang er vom harten Lager auf und lief splitternackt hinab zum Brunntrog, badete, machte zwei Dutzend Kniebeugen und bereitete sodann in Muße sein Frühstück, Speck mit Ei, dazu eine Scheibe kernigen Bauernbrotes. Auch unter Tags legte der Doktor, soweit es das Wetter zuließ, selten sein Schuhwerk an, und es gab keinen Kuhfladen im weiten Kar, in den er nicht sofort und mit hohem Genuß hineintrat, bis ihm der warme, grüngelbe Brei quatschend durch die nackten Zehen quoll. Solches Tun war natürlich auf die Dauer nicht geheimzuhalten und brachte dem Herrn Studienrat bei den Bauern den eher anerkennend als abschätzig gemeinten Spitznamen „Doktor Kuhdreck" ein.

Friedlich und ohne Zwischenfälle ging der Almsommer dahin. Da hatte der Doktor ein exemplarisches und folgenreiches Erlebnis:

Es war Mittag, und er war nach einem längeren Kontrollgang unten im Kargrund unter einer alten breitastigen Wetterfichte ein wenig eingenickt. Im Halbschlaf, da ihm der Bergwind sanft übers Gesicht streichelte, sah er plötzlich ein Tier vor sich stehn, das gebogene schwarze Hörner hatte wie ein Teufel. Der Doktor erschrak zuerst heftig, dann mußte er lächeln. Ein Gemsbock wars, ein Feistbock, der aus seinem Latscheneinstand zu kurzer Mittagsäsung auf den Almboden ausgetreten war.

Regungslos saß der Doktor.

Immer näher kam das Tier; ahnungslos tat es sich schließlich im Schatten eines benachbarten Almbaumes nieder.

Der Doktor schätzte die Entfernung: dreißig Schritte, mehr waren es nicht!

Es reizte ihn plötzlich, dem ruhenden Wild einen kleinen Schrecken einzujagen. Langsam, die zusammengekniffenen Augen starr auf das Tier gerichtet, griff er hinter sich, bekam einen Fichtenzapfen zu greifen, holte aus und – warf.

War es Zufall, oder was war es? Das Geschoß traf den Bock, traf ihn ganz sichtbar, um nicht zu sagen – wirkungsvoll. Fast torkelnd, so schien es dem Doktor, wurde der Bock hoch; da ergriff der Mann in fast traumhaftem Tun ein zweites Geschoß und – um ein Haar hätte er nochmals getroffen!

Ein Pfiff, daß es den Doktor schauerlich durchdrang, dann stürzte das Tier in fast überschlagender Flucht davon. Der Doktor saß wie in Trance und bebte am ganzen Körper.

Was war geschehen?

Ein Mann war dem Phänomen Jagd begegnet.

Mit dem Blick aus engem Augenschlitz, dem Ergreifen des Wurfgeschosses, mit dem Schwung seines Armes, dem Zusammenzucken des Wildes war ein Urtrieb der Menschheit in ihm erwacht.

Das war geschehen!

Diese Begegnung war indes mit einer solchen Wucht und Unmittelbarkeit erfolgt, daß der Herr Doktor (sein Nervenleiden wird man hier zu berücksichtigen haben) bis zur Ablegung der jagdlichen Prüfungen unmöglich warten zu können glaubte.

Dennoch hätte sich des Doktors spätes, aber um so heftigeres Erwachen der Jagdleidenschaft vermutlich in wilden Träumen und Vorstellungen erschöpft, wenn nicht einer der Vorgänger auf der Sillkarhütte, ein alter Roßknecht namens Schmuckei, im hinteren Teil der Hütte eine kleine, primitive Wagner- und Schmiedewerkstätte hinterlassen hätte, in der allerlei Gerätschaft, wie Hämmer, Zangen, Feilen, Drähte, alte Bergstockspitzen und vieles mehr, langsam, aber stetig dahinrosteten. Diese Werkstatt betrachtete der aufgestachelte Mann als einen Wink der Götter, und es reifte in ihm der Gedanke, sich eine Waffe zu schmieden.

Als der Doktor etliche Tage in der Werkstatt verbracht hatte, war mit Hilfe eines schweren Bergstocks und einer scharf gefeilten Eisenspitze immerhin eine Art prähistorisches Wurfgerät entstanden. Schon nach den ersten Würfen aber zeigte sich, daß die Muskelkräfte eines Studienrats mit jenen des Homo Heidelbergensis nicht zu konkurrieren vermögen. Sichtlich niedergeschlagen stellte der Doktor den Wurfspieß in die Ecke und widmete sich vorerst wieder harmloseren sportlichen Übungen, wie dem schon erwähnten Auseinandertreten von Kuhfladen.

Aber der Funke glühte weiter. Der Bazillus ging unaufhaltsam in die Blutbahn über.

Wieder verschwand er für Tage in der Werkstatt, zeichnete, berechnete, hobelte, schnitzte, schmiedete und hämmerte, und als er nach annähernd zwei Wochen heftigsten Wütens die letzte Hand anlegte, hatte er ein zwar primitives, aber gefährliches Instrument in Händen – eine Armbrust.

Die Seele des Geräts bildete eine alte Wagenfeder von beträchtlicher Spannkraft; sie zu spannen und zu sichern hatte er eine Hebelapparatur erfunden, deren Präzision ihn selbst in Erstaunen versetzte. Nicht schlechter gelöst schien ihm das Problem der Bogensaite. Mit Hilfe von altem Wagenfett hatte er einen gewöhnlichen Kälberstrick so lange präpariert, bis er von drahtiger Zähigkeit und Unzerreißbarkeit war. In der Geschoßrille lag, sauber geschnitzt und abgewogen, ein kurzer Bolzen aus zähem Eschenholz, daran eine scharf gefeilte Eisenspitze. Weitere drei Reservebolzen waren in Arbeit.

Der Doktor nahm die Waffe auf die Schulter und trat ins Freie. Es war ihm, als duckten sich die Berge, als wiche der Wald vor ihm zurück.

Als er den ersten Probeschuß abgegeben hatte, war er selbst überrascht von der Durchschlagskraft der Waffe; der Bolzen durchbohrte nicht nur mit Leichtigkeit eines der lärchenen Windbretter auf dem Dach, er zerfetzte es förmlich.

Mäßig war vorerst die Treffsicherheit. Sie zu steigern, bedurfte es eisernen Trainings. Dutzendmal, hundertmal flog der Bolzen, eh es dem Doktor schließlich gelang, eine Konservendose auf zwanzig Meter mit annähernder Sicherheit aus einer Astgabel herauszuschießen.

Es war eine todbringende Waffe. Aber eine Waffe des Nahkampfs.

Nun, der Mann, entfesselt wie er jetzt war, würde sie zu gebrauchen wissen...

Inzwischen war es Ende Juli geworden, und der Almsommer näherte sich seinem Höhepunkt. Der Almrausch wanderte langsam den Grat hinauf, und das Vieh stand in den hohen Lagen, wo jetzt die jungen Gräser sprossen. Allwöchentlich erschienen die „Genossen" zur Erfüllung ihrer Deputatsverpflichtungen und visitierten dabei den Viehbestand. Der Doktor, obwohl mit seinen Gedanken längst nicht mehr bei der Sache, hatte Glück gehabt: kein Stückl war krank, kein Stückl fehlte. So zahlte man ihm ohne Anstand seinen Lohn aus, den der stille, anspruchslose Mann achtlos in seine Tasche steckte. Selten auch kam ein Tourist ins Kar, das weder Bergbahn noch Lift erreichte. Aber eines Tages kam ein anderer Besuch – der Jäger. Der Doktor saß auf seinem Strohlager, unter dem er die Armbrust wußte, und obwohl er noch keines seiner Vorhaben in die Tat umgesetzt hatte, drückte ihm die Angst fast den Hals zu. Gleichzeitig verspürte er aber auch ein heißes, verrücktes Glücksgefühl, das ihn, seit er sich im Besitz seiner Waffe wußte, immer häufiger befiel und mit nie gekanntem Lebenswillen erfüllte.

Der Jäger Lenzei war ein junges, lustiges Bürschl, ohne jeglichen Argwohn, nur von einer fast kindlichen Neugier, und ebenso neugierig war sein Hund, ein braunroter Wachtel, der am rechten Hinterbein ein wenig lahmte und daher von seinem Herrn zeitweise auf der Schulter getragen wurde.

Der Hund verdiente jedoch diese Rücksichtnahme, denn er war ein fährtensicherer Finder und im ganzen Land berühmter Todverbeller. Sein Name war „Schnackler".

Der Doktor sah keinen Grund, den Lenzei und seinen „Schnackler" durch allzu gastliches Wesen zur Wiederholung ihres Besuches herauszufordern. Ohne Tobak, ohne Wurstzipfel ließ er die beiden ziehen. Als Jäger und Hund vor der Tür standen, sagte der eine zum andern:

„I kann ma net helfen, i sag, der spinnt! Was sagst du, Schnackler?"

Dieser war eindeutig derselben Meinung, sprang dem sich gehorsam duckenden Jäger auf den Buckel, dann machten sich die beiden schleunigst davon.

Mit flackernden Augen schaute ihnen der Doktor nach. Soviel hatte er erfahren: das Sillkar galt als ein ausgesprochenes Feisthirschrevier. Berghirsche aber verfegen spät. Vor Mitte August war hier oben mit ernsthaftem Jagdbetrieb nicht zu rechnen.

Bis dahin mußte er handeln. Jedem Eingeweihten ist indessen klar, daß der Doktor unter normalen Verhältnissen kaum Aussicht hatte, sein Ziel zu erreichen. Der Berghirsch ist selbst für die weittragende Büchse ein Problem; ihn mit einer selbstgebastelten Armbrust zu bejagen, ist ein schlechter Witz. Aber jeder Eingeweihte weiß auch um das seltsame, unverdiente, unverschämte, bornierte Jagdglück des Unberufenen, das nur dadurch erklärbar ist, daß der Anfänger Risiken eingeht, die der Vielerfahrene, Vielgeprellte kategorisch von sich weist. In diesem Risiko aber, alles zu wagen, liegt neben dem fast todsicher zu erwartenden Fehlschlag auch eine winzige, kaum noch meßbare Chance zum großen Wurf.

Des Doktors Sterne standen günstig. Der Wurf gelang.

Und so kam der fast aberwitzige Vorgang zustande:

Da der Doktor erstens die Empfindlichkeit des Rotwildes nicht kannte und, zweitens, nur den augenblicklichen Erfolg im Auge hatte, entsprechend der Devise „Nach mir die Sintflut", schritt er unbesorgt den Hauptwechsel entlang, der von den nächtlichen Äsungsplätzen des Kars in den Tageseinstand führte.

Aus Gründen der eigenen Sicherheit wählte er hierfür die Mittagsstunde.

Die schweren Bergschuhe hatte er zu Hause gelassen, die Armbrust lag im Rucksack versteckt. Er pirschte nicht übermäßig vorsichtig bis zum Viehzaun, überstieg ihn und stand damit am oberen Rand des mittelsteilen, von Latschen, Strauchbuchen und Ebereschen bewachsenen Brunntales, dem uralten Feisteinstand und Heiligtum der Sillkarschen Hirsche.

Der Doktor fühlte weder Gewissensbisse noch hatte er übermäßig Herzklopfen. Doch pirschte er nun mit aller Vorsicht schräg nach unten und verdeckte das Gesicht vorsorglich mit seinem Berghut. Der Wechsel wurde enger und verzweigte sich, doch es gelang ihm, eine besonders starke und, wie es schien, frische Fährte zu halten. So kam er, teilweise auf allen vieren kriechend, bis in die Mitte des Tals. Der Bestand wurde dichter, gnadenlos brannte die Sonne hernieder, dicke Roßbremsen stachen den Doktor durch Hemd und Strümpfe, er achtete ihrer nicht.

Bis jetzt hatte er noch kein Stück Wild gesichtet, auch nicht die Geräusche einer plötzlichen Abflucht vernommen. Der Berg lag wie ausgestorben in der Mittagsglut. Der Doktor war nahe daran, aufzugeben, und hockte sich zu kurzer Rast auf eine schmale, mit Almrausch bewachsene Felskuppe. Eh er die langen Beine ausstreckte, beugte er sich vor, so daß er steil nach unten sah, und da bemerkte er, wie sich inmitten der erstarrten, leblosen Landschaft ein Latschenast rhythmisch hin- und herbewegte. Auch hörte er deutlich das Anstreifen eines Gegenstandes.

Nun nahm er die Armbrust vorsichtig aus dem Rucksack, beugte sich weiter vor, setzte sein kleines Touristenglas an die Augen, und da sah er zwischen den Latschen deutlich die rote Decke eines Stück Wildes schimmern. Er hatte einen fegenden oder, wie der Bergjäger sagt, schlagenden Hirsch vor sich.

Hastig glitt der Doktor von der Felskanzel hinab in die Latschen, rutschte nicht unbedingt geräuschlos auf dem Hosenboden talwärts, bis er weit unten in einer grasigen

Mulde zu liegen kam. Er knüllte den Rucksack zusammen und schob ihn sich vor das Gesicht. Dann spähte er aus seiner Deckung hervor und – erschrak.

Die Situation war atemberaubend; er lag so dicht am Hirsch, daß er in aller Deutlichkeit die rollenden Lichter sah und die keuchenden Atemstöße hörte. Auch sonst standen die Zeichen märchenhaft günstig. Der Wind wehte ihm ins Gesicht. Selbstvergessen, halb in Schmerz, halb in Wollust, schlug der Hirsch sein Geweih. Der Rücken krümmte sich im Schwung seiner Schläge, deutlich hörte der Doktor, wie das erstarrte Horn an den pechigen, warzigen Ästen herunterrasselte.

Während das Tier seine alljährliche Wandlung vom friedlichen Bastträger zum streitbaren Kämpfer in ungezügelter und dennoch harmonischer Prozedur einleitete, zeigte die scharfe Bolzenspitze schon auf seine Brust.

Eisern lag die Waffe in des Doktors Fäusten.

Das Jagdfieber brauste ihm durchs Blut, aber es war nicht das heiße, herzzersprengende Blut des Jägers, sondern das kalte, gebändigte des Mörders.

Der Finger des Doktors ging zum Abzugsstift, den er fein wie einen Büchsenstecher eingestellt hatte; ein heller Peitschenschlag, der Kolben schlug zurück, der Bolzen traf dumpf auf den Wildkörper.

Der Hirsch fuhr zusammen, erzitterte, knickte in den Hinterläufen ein, wurde ebensoschnell wieder hoch und stürzte, das Geweih, an dem die blutigen Bastfetzen hingen, im Genick, den Äser steil in der Luft, wie eine Harpune hinunter in den Graben.

Der Doktor erwachte wie aus einem Traum – dem Traum, den alle Mörder träumen. Reue? Dazu war keine Zeit. Die Waffe verschwinden lassen, lautete das Gebot der Stunde. Da... eine Felshöhlung. Hinein! Steine davor! Fort!

Nächsten Tag suchte der Doktor, nunmehr als harmloser Viehhirt, erneut die Brunntalhänge auf, aber seine Hoffnungen, den Hirsch zu finden, waren gering. Er fand ihn nicht, denn es fehlten ihm alle Voraussetzungen für diesen schwierigsten Teil des jagdlichen Handwerks, und es fehlte ihm vor allen Dingen – der Hund.

Drei Tage lang durchpflügte der Doktor die dichten Latschenwälder und sorgte dafür, daß weder der heurige noch der nächstjährige Feisthirschabschuß erfüllt wurde. Seine Beute oder, besser, sein Opfer fand er nicht. Das fand, eine Woche nach der Untat, im Gebiet der nahen Schafalmen „Schnackler", der alte, berühmte Todverbeller.

Der Hirsch, der nicht weit vom Steig im fortgeschrittenen Stadium der Verwesung inmitten einer Insel hohen Farnkrautes lag, gab dem jungen Jagdgehilfen Lenzei eines der größten Rätsel seines Lebens auf. Er kniete nieder, den Hut im Genick, und untersuchte die Decke. Er fand, weidwund, ein pfenniggroßes, eiterndes Einschußloch, aber keinen Ausschuß. Er suchte weiter, brach den Kadaver auf, zerwirkte ihn mit zugehaltener Nase und entdeckte nicht die geringste Spur eines Geschosses.

Also geforkelt!

Wann aber war jemals ein Hirsch noch halb im Bast, acht Wochen vor der Brunft, geforkelt worden?

Ernsten Gesichts schlug der Jagdgehilfe Lenzei dem noch jungen, bestens veranlagten Kronenzehner das Geweih ab, befestigte es am Rucksack und stieg ab ins Forstamt zur Berichterstattung.

Irgendwo aber in den weiten Latschenfeldern des Brunntals lag des Rätsels Lösung: der kleine Armbrustbolzen mit der Eisenspitze, den der Hirsch in zahllosen Wundlagern mitgetragen und schließlich, den todwunden Körper durch das Gewirr der Latschenäste zwängend, abgestreift hatte.

Zwei Tage später berichtete ein Genosse, kaum daß er den Rucksack abgenommen hatte, dem Doktor die bemerkenswerte Neuigkeit: Ein Hirsch sei gefunden worden, drüben bei den Schafalmen, von dem man nicht genau wisse, wie er zu Tode gekommen.

Der Doktor wußte es. Und er hatte nicht die leisesten Skrupel. Er hätte, im Gegenteil, aufjubeln mögen und gedachte fast zerspringenden Herzens seiner Armbrust, die im Felsenversteck schlummerte.

Sollte er sie schlafen lassen? Nein! Der Mann hatte Blut geleckt!

Auf den Schatthängen des Kleinen Scharlachkopfes hatte er erst gestern ein Gamsrudel ausgemacht.

Und noch in der gleichen Nacht holte er die Waffe.

Damit war aus der anfänglich fast so etwas wie unverdorbenen, unbefangenen Jagdleidenschaft die Leidenschaft des Gesetzesbrechers geworden. Nun war er Wilderer. Es ging ihm nicht mehr sosehr um die Beute selbst, es ging ihm vielmehr darum, sie unter dem Nervenkitzel der drohenden Entdeckung einzubringen. Und er tat alles, was in seinen Kräften stand, diese Entdeckung zu vermeiden. Denn dies schien ihm der eigentliche Triumph zu sein: die Tat unter den Augen der Häscher kunstgerecht und unentdeckt zu vollbringen!

Die Armbrust brachte er noch in der nächsten Nacht zum voraussichtlichen Ausgangspunkt der nächsten Unternehmung und versteckte sie wiederum in einer Felsspalte. Er meinte, zur äußersten Vorsicht Grund zu haben. Und damit hatte er in gewissem Sinne recht, denn Lenzei, der Jagdgehilfe, saß seit gestern in der gegenüberliegenden Schafalmhütte, um für den Chef einen Feisthirsch auszumachen und hier an Ort und Stelle noch einmal zu überlegen, wie das wohl war mit dem Zehnerhirsch... Im Zuge dieser Überlegungen streifte sein scharfes Jagdglas immer wieder durchs Sillkar und blieb, mehr als eigentlich angebracht, an der kleinen Hirterhütte hängen, in der der verrückte, harmlose Doktor Kuhdreck hauste. Harmlos? Gewiß! Aber im Unterbewußtsein fühlte der Jäger eine Unbehaglichkeit, eine Störung seines Gemüts, wenn er an den asketischen Kopf des Mannes dachte, daraus unnatürlich helle, starre, fast durchsichtige Augen leuchteten.

Ebenso unbewußt fühlte der Doktor vor seiner Hütte den kontrollierenden Blick des Glases. Der Ehrgeiz, seinen nächsten Coup in möglichst vollendeter Präzision ablaufen zu lassen, riet ihm vorerst zur Entsagung. Er begnügte sich mit kleinen Spähtrupps, die er geschickt mit seinen Geschäften als Hirte verband. So kundete er einen einzelnen, offenbar sehr starken Gamsbock aus, der sich mit fast störrischer Beharrlichkeit um eine bestimmte Zeit des Tages auf einem kleinen, runden Graslahner unterhalb des Hauptgrates zeigte und dort Äsung aufnahm. Offenbar eine Äsung von besonderen Qualitäten, denn der Stand war, selbst für einen Gams, ungewöhnlich ausgesetzt. Der Doktor legte seinen Ehrgeiz darein, zu ergründen, von woher der Bock anwechselte und wie er seinen Äsungsplatz wieder verließ. Er kam zu dem Ergebnis, daß der Bock überhaupt nicht wechselte, sondern im Umkreis von nur wenigen hundert Quadratmetern einmal sonnseits, einmal schattseits, je nach Tageszeit, förmlich dahinfaulte.

Und damit hatte er die Lebensgewohnheiten eines Feistbocks völlig richtig begriffen.

Zu Anfang schien das Verhalten des Bockes dem Doktor unnatürlich und der Sicherheit abträglich; später erkannte er jedoch, daß das Tier sich sein ungewöhnliches Phlegma absolut leisten konnte. Der Stand glich einer Festung, und zwar einer unter normalen Bedingungen völlig uneinnehmbaren. Von unten reichte die Kugel nicht annähernd hinauf, von oben warnte der stetige Fallwind in der Schattwand das Wild in Sekundenschnelle.

Der Fall reizte den Doktor, je mehr er ihn überdachte. Wo war der schwache Punkt?

Er verwendete die nächsten Tage fast ausschließlich dazu, diesen schwachen Punkt mit Hilfe aller möglichen strategischen Überlegungen und Studien zu analysieren. Schließlich hatte er die Lösung gefunden: Ein Abseilakt von einer knappen Seillänge erschloß ein ausreichend breites Querband: von dort durch einen schmalen Kamin hinab zum nächsten Band. Nun genügte verhältnismäßig leichte Kletterarbeit, den Schützen bei halbem Wind und ausreichender Deckung in günstige Schußposition an den Bock heranzubringen.

Der Doktor erbebte, wenn er an diesen Augenblick dachte: wie der völlig Überraschte zu ihm heräugte, sicherte, begriff und dann, in seinen Warn- und Unmutspfiff hinein, der tödliche Bolzen surrte.

Als der Jagdgehilfe Lenzei als Schneider auf der ganzen Linie von der Schafalmhütte abgezogen war, hielt der Doktor seine Zeit für gekommen.

Und die Erfolgsaussichten waren, gemessen an der Aktion Hirsch, nicht einmal schlecht.

Ein Spätsommertag im Gebirg. Tiefblauer Himmel. Die Gipfel klar und deutlich. Ein Anhauch von Herbst, von Abschied in der Luft. Vierzehn Tage noch, dann bimmelten die Glocken talwärts.

Der Doktor hatte keinen Blick mehr für die reine, hohe Welt der Berge, seit er seine Seele dem Teufel verpfändet, der wohl schon immer unter seinem Herzmuskel gelauert hatte und ihn nun in offener Aktion, kichernd und beinschlenzend, hinein ins Verderben ritt.

Am späten Vormittag war der Doktor oben am Grat und informierte sich vom seitlich vorgelagerten Reiterköpfl über den genauen Stand des Wildes.

Der Bock saß wie gewohnt im Lahner.
Ahnungslos.

Sodann sondierte der Doktor, selbst in guter Deckung sitzend, mit größter Gründlichkeit die Lage im Kar. Das Jungvieh lagerte im Almanger, den man ihm, da das Gras ringsum kurz geworden war, zum Abschied freigegeben hatte. Kein menschliches Wesen unterwegs. Da erst wagte er den Gang zum Felsenversteck und verbarg die Armbrust im Rucksack.

Anstelle eines Seiles, wie ursprünglich geplant, verankerte er eine fest geknüpfte Strickleiter an der Wurzel einer starken Legföhre. Mühelos brachte sie ihn auf das erste Felsband. In wenigen Minuten hatte er sich durch den Kamin gestemmt. Er öffnete den Rucksack und nahm die Waffe in die Hand.

Sein Herz schlug ruhig. Er war seiner Sache sicher.

Dann pirschte er mit äußerster Vorsicht zu jenem aus der Wand ragenden Block, den er als Deckung für sich selbst und als Auflage für die Armbrust ausersehen hatte. Noch einmal überprüfte er die Waffe, rückte sich den Hut tief ins Gesicht. Er war immer noch ruhig, ja sogar kalt, und daß dies so war, erfüllte ihn mit Genugtuung.

Langsam, nur jeweils wenige Zentimeter emporrückend, schob der Doktor den Kopf über die Deckung. Verdammt! Der kleine, steil abfallende Graslahner, an dessen oberem Rand er den Bock noch vor weniger als einer Stunde hatte lagern sehen, war – leer! Und auch sonst, so weit sein Auge blickte, kein Gams.

Der Doktor fuhr sich über die Augen, schaute zurück, rekapitulierte: erstes Band ... Kamin ... zweites Band ...

War es überhaupt der richtige Lahner? War er zu weit abgestiegen? Oder nicht weit genug? Hatte er in den unübersichtlichen Schründen und Schroffen die Entfernung überschätzt? Oder unterschätzt? War er am Ende in die gänzlich verkehrte Wandflucht eingestiegen? In die des Großen Scharlkopfs?

Den Doktor fröstelte bei dem Gedanken, er lehnte sich zurück an den Fels, dumpf pochte sein Herz, die gewaltige Szenerie über ihm, unter ihm, ließ ihn erschauern.

Auf den Knien rutschte er zurück zu seinem Rucksack, verstaute die Waffe, stemmte sich hastig den Kamin hinauf zum ersten Band, wollte, nun schon in halber Flucht, die Strickleiter ergreifen und griff – ins Leere.

Die Strickleiter war nicht da!

Da packte ihn das kalte Entsetzen.

Er starrte empor, vermeinte deutlich den Latschenast über die Wand ragen zu sehen, daran er den Strick befestigt. Für einen Augenblick war es ihm, als zuckte oben ein Kopf zurück, als tönte ein Lachen auf, ein kurzes, helles Kehlkopflachen, wie er es schon einmal gehört hatte, damals, als ihm der junge Jäger in der Hütte gegenübersaß.

Oder war es nur der Wind, der nun, heftiger als zuvor, aus den Schroffen sang, der Schatten eines Dohlenflügels, der pfeilschnell über den Rand des Felsens zuckte?

Mit fliegenden Pulsen hastete der Doktor zurück zum Kamin, versuchte, sich zu erinnern, stemmte die Beine ein und – sein Herz setzte aus! Der Kamin weitete sich schon nach wenigen Metern zu einer breiten, von Geröll besäten Steilrinne, die ohne Unterbrechung in einer gewaltigen, schwindelerregenden Flucht nach unten führte.

Er schauderte zurück, zog die Beine an, drückte, preßte sich an den Fels. – Wohin?

Unter ihm die Rinne, ohne Vorsprung, ohne Griff, über ihm die glatte, fast überhängende Wand.

Er war gefangen! Wie aber war es so weit gekommen?

Hatte der Berg selber eingegriffen in das Spiel um den schwarzen König Gams, indem er seinen gewaltigen Brustkasten auseinanderdehnte, so daß sich Klüfte öffneten, Ka-

mine zusammenschoben, Felsbänder niederbrachen? Oder saß oben am Gipfel der harmlos-gefährliche Kobold mit dem Jägerhütl und der Kehlkopfstimme, lachte vor sich hin, warf wie im Spiel ab und zu ein Steinchen hinab in die Wand und rollte dabei seelenruhig die Strickleiter ein? Oder war der bergunerfahrene Mann schon nach den ersten Metern des Ausstiegs einer kardinalen Fehleinschätzung zum Opfer gefallen, die ihn in die Irre führte und in der Irre – nochmals verirren ließ?
Der Berg schweigt.
Niemand weiß auch, was der Doktor alles unternahm, um seinem Gefängnis zu entrinnen. Rief er um Hilfe? Biß er sich die Lippen blutig? War er groß in seiner Not oder klein und schäbig? Vermutlich jagte er durch alle Feuer und Eisgüsse der Hoffnung und Verzweiflung, bis er sich schließlich, nach einigen vergeblichen Ausbruchsversuchen in seitlicher Richtung, für den Abstieg nach unten entschied.
Irgendwo in der gewaltigen Wandflucht mit dem schneidender werdenden Wind, der das dürre Gras in den Felsritzen geisterhaft aufraschelnließ, den dunkler und drohender werdenden Schatten muß den Doktor sein Lebenswille verlassen haben, und damit bekam die Tiefe Macht über ihn, löste seine klammen Finger vom Fels und riß ihn hinab in ihren fürchterlichen Schoß.
Vielleicht verdrängte in jener Sekunde, da er die Unabänderlichkeit des Absturzes erkannte, eine Art übermenschlicher, fast schon jenseitiger Gelassenheit die primitive, jämmerliche Todespein, denn als ihn die Suchkolonne zwei Tage später am Fuße der Wand auffand, waren in seinem Gesicht weder Angst noch Schrecken zu lesen.
Als man seinen zerfetzten Rucksack, der weit unten im Geröll lag, auflas, daneben eine voll funktionsfähige Arm-

brust, da hatte die kleine Berggemeinde ihre zweite Sensation: der harmlose, leicht schlagseitige Doktor Kuhdreck war – ein Wilderer gewesen!

„Michei", der Rekordhirsch

Zuerst möchte ich seine Heimat beschreiben. Es ist eine schöne Heimat. Aber ob sie schön ist oder nicht – das ist einem Hirsch völlig egal. Hauptsache ist, es gibt gute Einstände, schattenseitige und sonnseitige Hänge, klare Wasserln, aber auch einen Sumpffleck zum behaglichen Suhlen und Raum, möglichst viel Raum. Und helfen ihm verständige Jäger über die ärgste Wintersnot hinweg, dann bleibt er dieser Heimat treu, bis eine Kugel sein Leben beendet. Aber es gibt auch Ausnahmen und unser Michei war eine solche.

Begeben wir uns zuerst ins Blühnbachtal. Hier haben sich die Salzburger Fürstbischöfe, jene nicht immer glückliche Mischung aus kirchlicher und weltlicher Autorität, ein Jagdschloß gebaut und sind dem edlen Waidwerk nachgegangen. Ein Jägerdorf, das heute noch existiert und an das alte Fall drüben im Bayerischen erinnert, das einem Stausee weichen mußte, zeugt von der eminenten Wichtigkeit, die einst dem Jagdwesen in diesem Tal zugemessen wurde. Die Jagdherren mit den Bischofsmützen mußten weichen. Mochte eine kurze Zeit das Hochwild-Eldorado dem „Volk" gehören, ins Schloß zog schließlich doch wieder ein standesgemäßer Jagdherr ein, wenn auch nicht von Adel, sondern von Geld. Er baute Kanonen und hieß Krupp.

Die Jägerei und der Wildstand blühten wie überall, wo ein Jagdherr nicht zu knausern braucht, und es ist nicht bekannt geworden, daß der Wald von den Hirschrudeln „aufgefressen" worden wäre. Später zogen ins Jagdschloß die Nachfahren des Kanonenfabrikanten ein, lieferten Stoff für die Illustrierten, aber kaum einen Hirsch von Klasse. Heute hißt ein amerikanischer Waidmann, den der Kurssturz des Dollars nicht in die Knie zwingen konnte, seinen

Stars und Stripes-Wimpel auf dem Turm des Schlosses und läßt es seinen Jägern und Hirschen gutgeh'n, wie es heißt.

Ganz hinten, wo das Blühnbachtal aufhört, erheben sich die steilen Spitzen der Teufelhörner, die der einstige Reichsjägermeister Hermann Göring als Heimat für ein Steinbockrudel auserkoren hatte; die Gamsräude, die auch vor den gehörnten Felsenartisten nicht halt machte, hat ihm einen Strich durch die Rechnung gemacht. Nördlich vom Blühnbachtal erhebt sich das Hagengebirge. Vom Gipfel des Hohen Göll aus kann man hineinschaun in eine gewaltige Masse von Einsamkeit: kaum ein Grasfleck, Latschen über Latschen, kein munteres Bächlein, abweisend alles, vielleicht der menschenleerste, unwirtlichste Gebirgsstock in den ganzen Alpen.

Wenn einstmals ein Gamsbock übrigbleiben sollte von der allgemeinen Treibjagd auf die „Waldverwüster" – dort oben wird er unangefochten seinen Wechsel ziehen.

Und südlich vom Blühnbachtal geht die Urwelt noch nicht aus. Gewaltige Wälder und steile Täler ziehen sich die Hänge hinauf, die ganz oben im Hochkönig und seinem „Privatgletscher", der Übergossenen Alm, enden.

Das war das Reich von Michei, dem Rekordhirsch, dem Ausnahmehirsch, wie es im ganzen Salzburger Land vorher noch nie einen gegeben hatte.

An der großen Blühnbachtalfütterung ist er dem Revierjäger Noichl Sepp zum erstenmal aufgefallen. Ein Hirschlein vom zweiten Kopf, also mit dem zweiten Geweih, und dieses von ungewöhnlicher Stärke und schon jetzt, in der oberen Region, bereits eine Krone andeutend. Sowas gilt es im Auge zu behalten, das könnte einmal ein ganz Großer werden. Es hatte immer schon kapitale Hirsche gegeben im Blühnbachtal, und eine bestens ausgebildete Jägerei hatte dafür gesorgt, daß sie nicht schon in der Blüte ihrer Jahre ihr Leben lassen mußten. Im Winter, an den Fütterungen, fanden jene Cerviden dann nicht nur das heute übliche „Erhaltungsfutter" vor, sondern eine hübsche Ration Sesamkuchen, ein wahres Wundermittel, was die Geweihentwicklung betrifft.

Trotzdem entarteten die „Blühnbacher" nicht zu Staats- und Paradehirschen nach Romintenart, dafür sorgten die Landschaft, das steile Gehäng und wohl auch die erbliche Veranlagung. Ein Berghirsch kann nicht ein Viertelzentnergeweih auf dem Schädel balancieren, ohne einmal abzustürzen, es sei denn, er hätte die Statur eines jener Recken aus den rumänischen Karpaten. Der junge da, der Hoffnungsvolle am Futterstadel, wenn er so weitermachte, dann könnte er vielleicht als Sechzehn- oder Achtzehnender mit sechs Kilo Geweihgewicht den Trophäensaal des Jagdschlosses schmücken – mehr zu erwarten wäre Blasphemie.

Weil der junge Hirsch so auffallend stark und kräftig war, benannte ihn der Revierjäger Noichl nach seinem zwölfjährigen Buben, der dieselben hocherfreulichen Merkmale aufwies, „Michei". Und von da an stand er unter seinem ganz besonderen Schutz und seiner Fürsorge.

Nun begeben wir uns fort vom Blühnbachtal und fahren gemütlich gen Süden, wo zur linken Seite das Tennengebirge mit seinen gewaltigen Felsformationen herübergrüßt, auch dieses ein großes Jagd-Eldorado, aber mehr Heimat des Gams als des Rotwildes. Annähernd dreitausend Stück soll der Gamsbestand einmal betragen haben, und die Riegeljagden feudaler Jagdgesellschaften haben ihn offenbar nicht vermindern können oder wollen. Da schritt die Natur selber ein in Gestalt der fürchterlichen Gamsräude, und heute soll es recht einsam geworden sein, dort oben im „Tennen".

Hinter Werfen mit seiner wehrhaften Burganlage, in deren Schatten Türkenbund und Frauenschuh blühen, lädt uns das Berghotel „Jägerwirt" zur Rast. Das war früher ein kleines, bescheidenes Bergwirtshäusl, in dem Bauern, Holzer und Jäger ihr Bier tranken und ihre Virginias schmauchten. Dem Zug der Zeit folgend, ist es immer größer und moderner geworden und konnte sich schließlich, ohne zu übertreiben, als Fremdenhotel bezeichnen.

Der heutige Besitzer, der Fischbacher Girgl, ist halb Hotelier, halb immer noch Bauernwirt, denn seine alten angestammten Gäste mag er nicht verprellen. Und er ist ein Jäger. Gleich oberhalb der Gebäulichkeiten beginnt sein Eigenjagdrevier, das gut fünfhundert Hektar umfaßt, mit einem Holzbestand zum „Saugrausen", aber gelegentlich mit einem guten Rehbock.

Der Fischbacher Girgl macht auch mit diesem „gelegentlichen Rehbock" noch ein recht angenehmes Geschäft, und es fehlt ihm nicht an Jagdgästen. Vor Jahren hat er unterhalb eines ziemlich zugewachsenen Schlags eine Wildfütterung angelegt. Und zu seiner Freude mußte er feststellen, daß sich der Fütterung auch gelegentlich ein einzelnes Stück Rotwild zugesellte. Da kam ihm die Idee, eine Beobachtungskanzel für seine Hotelgäste zu errichten.

Der „Jägerwirt", ohnehin schon mit Schwimmbad und Sauna ausgestattet, war hierdurch um eine Attraktion reicher geworden. Fischbacher ließ es an Schmankerln für das Wild nicht fehlen: Was die Hotelküche an Tomaten, Gelben Rüben, Kartoffeln und Salatköpfen entbehren konnte, schleppte er hinauf zum Futterstaderl, dazu einen Eimer Kraftfutter in Form von Hafer und Mais. Und schließlich war der erste Hirsch da – der erste, der jemals in seinem Revier auftauchte. Halleluja, halleluja! Nun konnte er seinen Gästen sogar einen echten Berghirsch offerieren.

Zu diesem Zeitpunkt wußte der Fischbacher Girgl noch nicht, daß jener Hirsch, der seine Fütterung besuchte, der „Michei" vom Blühnbachtal war, dessen Abwesenheit den

Revierjäger Noichl Sepp in helle Aufregung und furchtbaren Kummer versetzte.

Der „Michei", ja wo ist er denn, ist er abg'stürzt, ist er in der Brunft geforkelt worden? „Michei", „Michei!"

Aber der gute „Michei" war nur gewandert, einem Trieb folgend, der ihm eingepflanzt worden war von irgendeinem Vorfahr, einem alten, unruhigen Wanderhirsch, und war vor dem Salatkopf gelandet. Der zweite rollte alsbald in den Futtertrog, dazu eine Runkelrübe zur Verdauung, es war ein herrliches Platzerl, Sonne, ein fast schneefreier Schlag, eine nahe Dickung zum Verstecken, und an die Leut', die gelegentlich auf die Beobachtungskanzel kraxelten, gewöhnte „Michei" sich.

Im Blühnbachtal aber wurde der hoffnungsvolle Zukunftshirsch als endgültig vermißt gemeldet, und es herrschte fast sowas wie Staatstrauer.

Dieselbe aber wurde von einem Freudensprung und einem Juchuzer des Revierjägers Noichl Sepp abgelöst, als in den ersten Julitagen ein Holzhauer meldete, in der Nähe der Blienteckalm einen Prachtlackl von Kolbenhirsch gesichtet zu haben, der mit dem inzwischen weithin bekannt gewordenen „Michei" identisch sein könnte.

Hurra, der „Michei" war wieder im Lande!

Indessen hielt er sich vom Kahlwild fern und mied auch den Anschluß an den Club der Geweihten, wodurch er im ganzen Sommer nur noch ein einziges Mal bestätigt werden konnte. Noichl Sepp selbst hatte ihn kurz im Glas, eh er unterhalb des Rifflkopfs in den Latschen untertauchte.

Was trug er auf seinem jungen Haupte? Er vermeinte, ihn als Kronenzehner ansprechen zu müssen. Seine Entwicklung verlief also programmgemäß in Richtung Kapitalhirsch.

Der Revierjäger war nun aufs Äußerste gespannt, ob er sich in die Brunft bereits als Beihirsch mit „Mitspracherecht" einmischen würde. Dem war aber nicht so; weitab vom Hauptrudel übte er sein blechernes Organ, und als die letzte Orgel durch das Tal dröhnte und der erste Schnee kam, war der „Michei" ganz verschwunden, und die Salatköpfe des Hoteliers und Eigenjagdbesitzers Georg Fischbacher hatten ihn wieder.

Derselbe hatte unterdessen das zweite Paar Abwurfstangen auf ein kunstvoll geschnitztes lärchenes Brett montiert, welches in der Jägerstube an der Wand hing und von Kennern viel bewundert wurde.

Der alte, erfahrene Jäger Fischbacher war sich keinen Augenblick darüber im Zweifel, daß er da oben an seiner Fütterung einen absoluten Ausnahmehirsch heranhegte. Es war auch nicht zu verhindern, daß sich diese Tatsache allmählich in Jägerkreisen verbreitete und schließlich bis ins Jägerdorf im Blühnbachtal gelangte.

Und eines Tages erhielt der Besitzer des Hotelgasthofs „Zum Jägerwirt" vom Blühnbacher Revierjäger Josef Noichl Besuch.

Zuvor muß vermerkt werden, daß Eigentümer oder Pächter ausgedehnter Hochwildreviere schon immer von dem Drang beseelt waren, ihr Jagdgebiet „abzurunden". Die Gründe hierfür sind vom jagdlichen Standpunkt durchaus einleuchtend. Aber ebenso einleuchtend ist, daß auch die „Kleinen am Rande" weiterhin ihr Stutzerl schultern wollen, um ein bissl von dem abzuernten, was da im Zentralrevier herangehegt wurde. Selten herrscht denn auch an den Reviergrenzen absolute Harmonie, und Freundschaften gar zwischen „diesseits und jenseits" sind selten gemeldet.

Auch der Blühnbachjäger Noichl Sepp war auf den Herrn Eigenjagdbesitzer Georg Fischbacher nicht besonders gut zu sprechen.

Jetzt stand er vor dem lärchenen Brett mit „Micheis" Kopfzier der letzten zwei Jahre, und sein graumelierter Vollbart zitterte. Aber er beherrschte sich.

„Girgl", begann er, „bei dir an der Fütterung steht der beste Zukunftshirsch, den der Blühnbach jemals hervorgebracht hat. Ich habe ihn ‚Michei' getauft, nach meinem Buam, der eben der gleiche hoffnungsvolle Lackl ist. Warum er deine Überbleibsel aus der Hotelküch' meinen Sesam-Schmankerln vorzieht, weiß ich nicht. Aber ich bitt' dich inständig, leg deine Fütterung still! So ein Bursch wie der gehört in ein richtiges Hirschrevier und unter Fürsorge und Beobachtung einer berufsmäßigen Jägerschaft. Bei dir da droben wird er amal zum vollg'fressenen, halb zahmen Schauobjekt, das deine Hotelgäst z'letzt die Äpfel aus der Hand frißt und noch Dankschön sagt. Sowas wird ein alter Jager wie du net woll'n. Also scheuch ihn weg und futter wieder deine Reh wie bisher!"

Nach dieser langen, bei ihm ungewohnten Rede dürstete es den Noichl Sepp gewaltig. Er ließ sich eine Halbe Bier durch die Gurgel rinnen und zündete sich einen Stumpen an.

Der Fischbacher Girgl tat desgleichen. So hockten sie sich gegenüber, rotgesichtig, mit angeschwollenen Stirnadern, vom Tabakrauch umnebelt. Und dann kam des Girgl Gegenrede:

„Aha, also ‚Michei' heißt er, und vom Blühnbachtal kommt er. Hab' mir's fast denkt, wo soll er denn sonst herkommen? Und da drüben ist er dereinst als Sechzehn- oder Achtzehnender oder gar mehr für einen honorigen Jagdgast als Lebenshirsch vorg'sehn. Einen, der unsere Berg vielleicht vorher no nie g'schaut hat, und den ‚Michei' natürlich a net. Glaubst, daß das ein End' ist, daß sich der ‚Michei' wünscht? Ich glaub's net. Na, mein Lieber, der ‚Michei' bleibt bei mir, so lang er mag. Meine Gäst' ham eine Freud' an ihm, und im Sommer ist er sowieso bei euch drent, und ihr könnt ihm eure ‚Fürsorg' angedeihen lassen, zu der ein gewöhnlicher, einfacher Bauernjäger offenbar net fähig ist."

Wortlos zahlte der Noichl Sepp sein Bier und ging seiner Wege. Nicht unbeeindruckt, nicht ganz unbeeindruckt.

Die Jahre gingen über den Berg. „Michei", der Gewaltige, näherte sich dem Höhepunkt seines Lebens und war, nach einigem Zögern, vom Jagdherren zum Abschuß freigegeben. Erst war als sein Erleger ein Industrieller und weitbekannter Hochwildjäger vorgesehen, dann überlegte es sich der Jagdherr und lud seine Büchse selber.

Aber gleich, von welcher Hand er fallen sollte: der gute „Michei" war damit nicht einverstanden. Irgendwo in den Latschenmeeren des düsteren Hagengebirges, das Rotwild nur selten betrat, weitab vom allgemeinen Brunftbetrieb vergnügte er sich mit einem einzelnen Stuck und strebte dann, noch eh der erste Schnee fiel, auf heimlichen Wechseln zurück zu seinen geliebten Salatköpfen.

Dortselbst hatte sich mittlerweile mehr und mehr Kahlwild eingefunden, blieb sogar den Sommer über im nahrungs- und deckungsreichen Schlag, und in der nächsten Brunft brauchte der gute „Michei" sich nicht mehr zu strapazieren und fand die Damen seiner Wahl sozusagen „beim Hause".

Wiederum machte der Revierjäger Noichl Sepp, jetzt in höherem Auftrag und nicht ohne eine Gegenleistung anzubieten – nämlich einen Hirschabschuß im Blühnbachtal –, einen Versuch, den Fischbacher Girgl zum Aufgeben seiner Futterstelle, die inzwischen eine vielbesuchte Schaufütterung geworden war, zu bewegen. Ohne Erfolg, er hatte es auch nicht anders erwartet.

Unterdessen war aber an den Girgl selbst eine Versuchung herangetreten, der er beinah erlegen wäre. Einer seiner Jagdgäste, der gerade vergeblich auf einen Rehbock gepirscht hatte, gab, wenn auch mit vorsichtigem Warten, die Meinung von sich, daß dieser Kapitalhirsch dort oben im Schlag eigentlich zu schade wäre, um, immer mehr zurücksetzend, als seniler Greis eines tristen Alterstodes zu sterben.

Fischbacher hatte soeben einen neuen Tennisplatz für seine Gäste anlegen lassen und war in momentane Geldschwierigkeiten geraten. Das Angebot des Jagdgastes war großzügig und deckte fast die Kosten. Der Girgl überlegte. Noch war Schußzeit, und nach langen Jahren der Abstinenz war ihm heuer ein guter Hirsch freigegeben.

Und dann saßen sie auf der Beobachtungskanzel, und statt oben im Schlag hin und her zu ziehen und zwischen lichtem Buschwerk für Sekunden seine Decke freizugeben für einen waidgerechten Schuß, rumpelte der „Michei" noch bei vollem Tageslicht herab zu seinem vertrauten, geliebten Futterstadel, spielte Fußball mit den Kartoffeln, spießte eine Runkelrübe auf sein gewaltiges Kronengezack, und man sah ihm regelrecht an, wie glücklich und zufrieden er war.

Da winkte der Girgl ab, und die Büchse mußte schweigen.

Der „Michei" war ja inzwischen weitum bekannt und berühmt geworden, und sein Foto, das ein Hotelgast geknipst hatte, erschien sogar in der Zeitung. „Österreichs ‚Überhirsch', wer wird ihn einmal zur Strecke bringen? Ein Jagdgast aus Deutschland, sein Heger, ein alter Bauernjäger, oder gar ein Wilderer?"

Das muß irgendein Subjekt gelesen haben, dem es um Aufsehen und Sensation zu tun war, und eines Nachts wurde der Girgl durch einen Schuß oben am Futterstadel aufgeweckt.

Er sprang erschrocken aus dem Bett, schloff in seine Bundhose, riß die Bockbüchs vom Haken und eilte hinauf zur Fütterung.

Es war stockdunkel. Ganz oben vermeinte er, eine Taschenlampe blitzen zu sehen. Fischbacher schlich sich heran, Böses ahnend, und war zu schnellem Handeln entschlossen.

Da kam ihm ein Mensch mit wild fuchtelnden Armen entgegen, der mit sich überschlagender Stimme plärrte:

„Helf ma, helf ma, de Saubüchs ist net losganga, nachert hab i nochmoi abdruckt und mir ins Knia neig'schossn."

Das war der einzige Versuch von Wildererhand, Österreichs „Überhirsch" zur Strecke zu bringen. Die alten Schwarzschützen zwischen Hochkönig und Dachstein würden sich im Grab umdreh'n, wenn sie dabei zugeschaut hätten.

Der Fischbacher Girgl aber mußte als „Notarzt" tätig werden und den wimmernden Burschen noch in der Nacht in ein Krankenhaus verbringen. Er hat nie wieder etwas von ihm gehört.

Und wieder gingen Jahre über den Berg, und im Blühnbachtalrevier wurden, wie schon seit altersher, gute Hirsche gestreckt, aber darunter kein absoluter Rekordhirsch. Der stand an des Fischbacher Girgl Schaufütterung, war aber längst kein Rekordhirsch mehr.

Als der Revierjäger Noichl Sepp in Fischbachers Jägerstube trat, diesmal ohne jede Absicht und Auftrag, gab es ihm fast einen Schlag: Am Ende des lärchenen Bretts, als Abschluß einer einmaligen Reihe von Abwurfstangen, war ein Urgeweih montiert, ein Zwanzigender mit armdicken Stangen und gewaltigen Schaufeln.

„Hast ihn also doch selber kassiert?" sagte der Noichl mit heiserer Stimme, und dann, nach einer Weile, „aber recht hast g'habt, hat ja dir g'hört" – und dann leicht abschätzig, „war ja ein Salathirsch!"

Der Fischbacher Girgl jedoch hatte sich einen Jux geleistet. Im vorigen Jahr hatte er eine schon lang ersehnte und längst verdiente Jagdreise nach Polen gemacht und dort drüben in den Waldkarpaten durch reinen Zufall einen

– auch für dortige Verhältnisse absoluten – Kapitalhirsch vor die Büchse bekommen. Er hatte nicht lange gefackelt und abgedrückt und die horrende Abschußgebühr in Kauf genommen. Nun wuchtete das gewaltige Geäst aus dem Karpaten-Urwald in den Raum und stellte „Micheis" letzte Kopfzier, die ihn als ungeraden Zwanzigender zeigte, noch weit in den Schatten.

„Da unten wachst halt a andere Raß!" erläuterte der Girgl, „und was bei uns a ‚Überhirsch' is, das is da drunt in der Wildnis was ganz Normal's. Trotzdem, der ‚Michei' übertrifft alles, was unsere Berg an Hirschwild jemals hervorgebracht ham."

„Dank deiner Salatköpf'", brummte der Revierjäger Noichl Sepp.

„Dank meiner Oachln scho aa", grinste der Girgl.

Dann begaben sie sich hinauf zum Futterstadel, dem der „Michei" neben seiner ungewöhnlichen Erbanlage ohne Zweifel sein österreichisches Rekordgeweih zu verdanken hatte. Derselbe lagerte nicht weit von der Fütterung unter einer alten Fichte, wedelte mit den Lauschern die Fliegen ab, kaute an einem Salatblatt und schien mit sich und der Welt zufrieden. Auf dem ergrauten Schädel thronte ein dunkles, kurzes, immer noch respektables Geweih. Aber was es einmal war – eine gewaltige Masse von Horn, das dereinst eine ganze Jägerwelt in Aufregung versetzte –, das ließ es nicht mehr erahnen.

„Es geht ihm gut", sagte der Girgl, „er ist jetzt vierzehn Jahre alt, hat einen gesunden Appetit und macht's leicht noch a paar Jahrl. Seit ich den ‚Michei' da droben beobacht', versteh' i nimmer, wo die Jagerei die Berechtigung hernimmt, einem Hirsch auf dem Höhepunkt der Geweihentwicklung das Lebenslicht auszublasen, nur damit er dann an der Wand hängt und der Erleger damit protzen kann. Wenn der Hirsch an der Wand reden könnt', dann tät' er sagen: ‚Lieber Waidmann, vier, fünf gute Jahrl hast du mir g'stohlen, die ich noch genossen hätt' als alter Herr irgendwo an einem staaden Platzerl. Bloß damit deine Frau oder dein dienstbarer Geist etliche Enden mehr abstauben muß, na, de Rechnung geht net auf, und du bist in der Schuld dein Lebtag lang, uns, dem edlen Rotwild gegenüber.'"

Der Noichl Sepp, seit dreißig Jahren Berufsjäger im Dienst einer angesehenen, feudalen Jagdherrschaft, neben der Pflege des Wildes auch für eine optimale Trophäenernte verantwortlich, schob den Hut in den Nacken und kratzte sich das ergraute Haupt:

„Über des, was du jetzt g'sagt hast, Girgl, hab' ich eigentlich noch gar net so richtig nachdenkt. Aber jetzt is z' spät, denn nächstes Jahr geh' ich in Pension."

Darauf hieb er dem Fischbacher Girgl seine gewaltige Pratze auf die Schultern und grinste:

„Ich wünsch' unserm ‚Michei' noch ein langes Leben, und vor seiner Beerdigung, da sagst mir Bescheid, da kimm i und leg eahm an frischen Bruch aufs Grab. Pfüat di!"

Das war die Geschichte vom Rekord- bzw. Salathirsch „Michei", und sollten sich Ähnlichkeiten ergeben mit einem tatsächlichen Geschehn, so wäre das reiner Zufall.

Ein Braunbär ist kein Teddybär

In einem wild zerfurchten Gehänge, durchsetzt mit jungen Lärchen und einzelnen Fichten und einer Bergflora ohnegleichen, gelegen irgendwo im weiten Bergland zwischen Ötscher und Dürrenstein, im steirisch-niederösterreichischen Grenzgebiet, hatte der Revierjäger Mathias Kramsecker das aufregendste Erlebnis seiner nun bald vierzig Jahre währenden Jägerlaufbahn.

Es begegnete ihm ein Bär.

Kramsecker glaubte erst, einer Halluzination zu erliegen, hervorgerufen durch überreichen Alkoholgenuß am Vortag, als sein Jagdherr, der Herr Direktor Königsdorfer, im Kreise seiner Spezln das 30jährige Jägerjubiläum gefeiert hatte. Aber ein Blick durchs Spektiv bestätigte es: Das war kein überdimensionaler Dachs, das war kein Mensch, eingehüllt in einen dunklen zottigen Schaffellmantel – das war ein echter Braunbär.

In größter Gemütlichkeit bewegte sich er sich den schmalen Pirschsteig entlang, nahm hin und wieder eine Probe von der reichlich vorhandenen Beerenäsung, untersuchte den einen oder anderen Ameisenhaufen, verzehrte einen Käfer, ein Eidaxl, eine Blindschleiche und schien mit sich und der Welt zufrieden.

Der Revierjäger Kramsecker war es nicht.

Ein leibhaftiger Bär im Revier, das war eine Sensation, eine Ungeheuerlichkeit, da erwarteten ihn Verdruß, Bericht an den Jagdherrn, Anrücken von Zeitungsreportern, Schreibereien womöglich mit allen möglichen Dienststellen.

Na, na, i hab'n einfach net g'sehn!

Dieses beschloß der Revierjäger Mathias Kramsecker und beendete vorzeitig seinen Pirschgang, der eigentlich einem Jubiläumshirsch für seinen Jagdherrn gegolten hatte.

Es vergingen Monate, es kam der Winter, den Kramseckers unwillkommener Gast irgendwo im weiten Berg in einer Felshöhle oder unter dem Wurzeldach eines umgefallenen Baumriesen verbrachte und also soviel wie gar nicht mehr vorhanden war.

Friedlich wie immer stand das Rotwild am Futterstadel. Als die ersten Gräser sprossen, verabschiedete es sich in die Südhänge, wie immer ohne großen Dank an seinen Ernährer. Dieser aber wartete voller Spannung auf den ersten Tatzenabdruck am Pirschsteig. Er sah keinen. Und dies mit großer Erleichterung.

Der Bursche war wohl weitergewandert, gen Westen zu, zur Kräuterin, in die Hochschwab, und dann wohl zurück, woher er gekommen war – nach Slowenien, ins Bärenland.

Daß dem nicht so war, erfuhr der Revierjäger Kramsecker erst aus der Zeitung:

„Braunbär im Ötschergebiet gesichtet. Ganz Österreich freut sich über seinen ersten Bären. Gönnen wir ihm seine Schwarzbeeren und das Fallobst, das ohnehin niemand mehr erntet, und wenn er gelegentlich an einem Bienenstock partizipieren sollte, dann gönnt es ihm auch; einen einzelnen Meister Petz können wir uns wahrhaftig leisten. Und, falls er sich vermehren sollte, auch eine kleine Bärenfamilie. Ist nicht der Teddy das Lieblingsspielzeug der Kinder? Also: Toleranz für den neuen Gast in Österreich, und ihr Jäger, Kappe auf die Mündung!"

„Sakrament, sakrament", brummt der Revierjäger Kramsecker und faltete die Zeitung, „jetzt is aus mit der Ruah, jetzt gibt's Ärger über Ärger, hätt' der Saubär net derfrieren können im Winterlager? Sakrament, sakrament!"

Was ihn aber am meisten überraschte, war die Reaktion seines Jagdherrn, des Herrn Bankdirektor Königsdorfer aus Graz. Dieser hatte vor etlichen Jahren ein total ausgeschossenes Hochwildrevier für sündteures Geld gepachtet, unter viel Mühen und Opfern den Wildstand wieder in die Höhe gebracht, und eigentlich hätte er greinen müssen:

„Auf meine guten Hirsch läßt man jetzt die Bären los!" Nein, meine Herrn Österreicher, da bin ich ganz und gar nicht einverstanden!"

Aber statt dessen legte er seinem getreuen Revierjäger die Hand auf die Schulter und frohlockte:

„Kramsei, jetzt brauch' ich nimmer in die Karpaten fahrn, jetzt ham wir die Karpaten bei uns!"

Verwundert schaute ihn der Jäger an:

„Ja, wenn S' glauben? Ich glaub 's net!"

Eines frühen Morgens hockte Kramsecker auf einem Standl im Sindlergraben, um einen Rehbock für einen Jagdgast auszumachen. Da hörte er auf dem schmalen Kiesweg ein Auto heranbrummen. Er war für den öffentlichen Kraftfahrzeugverkehr gesperrt, und dem Kramsei sträubten sich die Haare.

Aber er kam nicht mehr dazu, saugrantig zu reagieren, denn was nun geschah, verschlug ihm fast den Atem. Ein Geländewagen hielt an, hinten eine Art Viehanhänger. Zwei junge Kerle stiegen aus, schoben den Riegel am Anhänger zurück, die Tür klappte herunter, und einer der beiden Burschen rief: „Schnell wieder ins Auto! Ich glaub', die ist grantig und beißt uns in den Arsch!"

Daraufhin kam eine mittelgroße Bärin zum Vorschein, windete, ließ eine Ladung Kot ab, sprang vom Anhänger und schlug sich eilig in die Büsche.

Der Revierjäger Mathias Kramsecker war Zeuge für das erste und wahrscheinlich widerrechtliche Aussetzen eines Bären im Ötschergebiet geworden, sakrament, sakrament!

Als er vom Hochstand enterte, zornroten Gesichts, die Büchs im Anschlag, hatte das Gefährt schon gewendet. Der Motor heulte auf, aber im allerletzten Moment gelang es dem aufgebrachten Jagdschutzberechtigten, den Beifahrer am Arm zu packen und aus dem Jeep zu zerren, während dieser samt Anhänger in wilder Fahrt davonstob.

Was war zu tun?

Wenn einer ein Stück Wild ohne Berechtigung dem Wald entnimmt, dann ist das Jagdwilderei.

Aber wenn einer ein Stück Wild im Wald abliefert – was ist dann das?

Sakrament, sakrament!

Der junge Bursch befreite den Revierjäger Kramsecker von seinen Gewissensnöten, indem er sich erst einmal in aller Form vorstellte:

„Ich bin der Franz Bichlmayr von der Interessengemeinschaft ‚Bären in Österreich', und wir haben soeben dem Ötscherbären eine Gemahlin zugeschanzt, die ihm hoffentlich gefällt und mit der er viele muntere kleine Bärlein zeugen möge."

Der alte Kramsei schüttelt seinen ergrauten Kopf.

„Was ihr euch vorstellts unter einem Bärenrevier! Das geht schief, das prophezei' ich euch!" Aber dann nahm er den Burschen unter den Arm.

„Komm, du Idealist, du unverbesserlicher, jetzt geh'n mir miteinand' auf meine Jagdhütt'n und sied'n uns an Jagertee. Dann reden wir weiter!"

Und so geschah es.

Schon beim Hinaufsteigen wurde der junge Kerl dem Kramsei sympathisch. Er ging im ruhigen Takt dahin, schaute interessiert umher, nahm hin und wieder ein kleines Fernglasl vor die Augen, und so kamen sie in aller Gemütlichkeit vor der Hütte an. Der alte Jäger tat sich nämlich in letzter Zeit mit dem Steigen ein wenig schwer, teils wegen eines stetig wachsenden Bierwamperls, zum anderen wegen eines ausgeprägten Kropfes.

„Du wirst dich wundern", schnaufte er, „daß ich mir das Monstrum net schon lang hab' wegoperier'n lassen, aber die Kugel is eine ganz kommode Kinnauflag' und beim Schiaßn recht praktisch. – Was hast jetzt du überhaupt für einen Beruf?"

„Ich studiere Biologie", antwortete der junge Mann.

„Bist ein Doktor?"

„Noch net, aber grad dabei – eine Hundsarbeit."

„Und was machst, wennst den Doktor hast?"

„Dann werd' ich Präsident des ‚Vereins zur Wiederansiedlung und Erhaltung der Bären in Österreich'", grinste der junge Kerl.

„Da wirst bald arbeitslos wer'n", grunzte der Kramsei und sperrte die Hüttentür auf.

Der Jagertee, Marke Kramsecker, dampfte aus den Tassen, und der Revierjäger breitete auf dem Tisch eine Landkarte aus.

Er bemühte sich, hochdeutsch zu sprechen, um den Ernst seiner Argumente zu unterstreichen:

„Hier, das ist unser Land Österreich, mit Bergen, Tälern, Seen und Almen. Ein wunderschönes Land, das nicht nur dem Ausflügler und Naturfreund, sondern auch einem Bären wohl gefallen möchte. Aber da sind Autobahnen, ein Straßennetz, wohin d' schaust roas'n die Lastwägen und Autos hin und her. Und als Fußgänger bist a ganz a arme Sau! Die Straßen ham sich sogar in unsere Wildhäng' einig'fressn und bringen Unruh' in den letzten verborgenen Winkel. Sowas, mein lieber künftiger ‚Bärenpräsident', mögen deine Schützling' gar net leiden."

Der junge Mann setzte ein Zigarettl in Brand.

„Die früheren Bären vielleicht net, aber die heutigen werden sich daran gewöhnen, da bin i mia sicher."

Auch der Revierjäger Kramsecker hatte sich eine Pfeife ins Gesicht gesteckt und fuhr fort:

„Guat, wennst ihnen a roten Westen anlegst wie den Straßenwärtern, kann's vielleicht sein, daß net überfahren werd'n. Aber von was soll'n s' leben, deine Viecha? So ein Bursch hat einen Mordskohldampf, wenn er aus dem Winterlager kommt. Wildbrat gibt's g'nug, aber Jager net weniger, die ein Schmalreh schon auf der Speisekarten ham. Der Bär zahlt aber keine Jagdpacht und ist deswegen ein unwillkommener Mitgeher. So einem droht die schnelle Kugel. Rückt der Bär dann aus, hinunter ins Bauernland, und macht sich an einem Schafspferch zu schaffen oder plündert einen Bienenstock, gibt's ein Mordsgeplärr. Der Bürgermeister und der Landeshauptmann werden alarmiert, und die Gendarmerie rückt aus. Ziemlich deprimiert hockt der Bär dann da und träumt von seiner alten Heimat. Nach dort, hinter den Karawanken, wo's fast keine Straßen gibt, keine Jager mit Abschußplänen, keine zeternden Bauern... Nach dorthin sehnt sich sein Herz." – Der Revierjäger Kramsecker holte tief Luft. „Darum, sag' ich, laßts ihn da drunt im Karstgelände! Bei uns einen Bären ansiedeln ist eine Tierschinderei!"

Das war ein starkes Wort, aber eine gewisse Berechtigung konnte ihm der künftige „Bärenpräsident" nicht absprechen.

Doch dann legte er los und hielt, vor nur einem einzigen Zuhörer, ein Plädoyer für das Bärwild in Österreich, dessen Überzeugungskraft sich schließlich auch der alte, vielerfahrene Bergjager Kramsecker Mathias nicht entziehen konnte. Der Schlußsatz lautete:

„Wenn wir die Bären wollen, dann finden s' bei uns eine Heimat. Und damit wir sie wollen, red' ich mir schon seit Jahren landauf, landab das Maul g'fransert."

Vor soviel Enthusiasmus mußte der alte Kramsei schließlich kapitulieren, und er sprach fast feierlich:

„Meinen Jagdherrn hast als Verbündeten, und i tua das Meine dazu. Also guat, probier' mas!"

So war die erste Zelle der künftigen Bärenheimat geboren.

Und nun startete der Revierjäger Kramsecker Mathias einen vorsichtigen, aber zähen Werbefeldzug. Wo sich Gelegenheit bot – bei Jagdversammlungen, Schützenfesten, Dienstjubiläen –, konnte man seine Worte hören:

„Gehts, Leut', seids net so kloakariert – probier' mas halt!"

Es ging etliche Zeit dahin, dann war die Jägerei für das Projekt „Bär in Österreich" im großen und ganzen gewonnen.

„Und wenn amal ein Raubbär auftaucht, so a richtiger Schlagbär, was mach' ma dann mit dem?" wollte der Forstlehrling Kinadeder Peter wissen.

„Den kannst derschiaßn", sagte der Kramsei großzügig.

So waren die letzten Hemmnisse beseitigt. Inzwischen war der junge Bichlmayr Franz durch die Lande gereist, hielt feurige Reden auf Trachtler- und Landwirtschaftsfesten, postierte einen Stoffbären neben sich aufs Podium und stellte ihn vor mit den Worten:

„Dieser da, bloß viel größer, aber genauso liebenswert, streift künftig durch unsere Wälder. Und wenn er amal aus Versehen ein Lampl reißt statt einem allzu zachen Rottier, wird dieses in Geldeswert ohne großen Papierkram ersetzt. Ist alles schon geregelt mit den Behörden!"

„Bravo! Bravo!"

Der Revierjäger Mathias Kramsecker aber hielt es nun für angebracht, das Bärwild, mit dem er nun zu leben hatte, näher kennenzulernen.

Anläßlich eines Verwandtschaftsbesuchs in München begab er sich deshalb in den Tiergarten Hellabrunn. Den ganzen Nachmittag verbrachte er vor dem Bärengehege, ein Flascherl Bier zwischen die Beine geklemmt, die Pfeife im Mundwinkel, und studierte die Verhaltensweisen der pummeligen Gesellen. Im großräumigen Gehege waren eine Bärin mit zwei Jungen vom heurigen Wurf und ein

Mittelbär untergebracht; einen älteren Knaben konnte der Kramsei nicht entdecken. Nachdem er eine Weile zugeschaut hatte, glaubte er sich dazu berechtigt, den ersten Kernsatz in der Bärenkunde zu formulieren:

„Denen G'sichtern siehst nix an, die tragen eine Maske. Selbst vor einem Wutausbruch schau'ns ganz gleichgültig drein, bloß die Äuglein funkeln ein wenig anders." – Und eine weitere wesentliche Eigenschaft schien ihm nicht unwichtig: „An diesen Burschen wirkt alles langsam und g'müatlich, aber plötzlich reagiern s' blitzschnell, wie jetzt, wo der Mittelbär aufdringlich geworden wär'. Sakrament, so eine Bärenwatsch'n, die sitzt, und einem Menschen tät 's den Kopf obareißen. Und rennen können die, wenn 's drauf ankommt, als wenn s' a Raketen im Arsch hätten."

Nachdem der Revierjäger Kramsecker den Tierpark verlassen hatte, brummte er in seinen Bart:

„Des is ein echtes Raubwild! Bauernschnapsen kannst mit denen net, da heißt 's Abstand halten!"

Es dauerte lange, bis der Kramsei dann zu Haus in seinem Revier wieder eine Bärenbegegnung hatte, und wieder war es oben in den Bränden, und wieder zeigte der Bursche das Verhalten eines Dachses und schien sich mit Kleinigkeiten zu begnügen.

Dann kamen der Winter und das Frühjahr, und nirgendwo wurde ein Bär gemeldet. Kramsecker war nicht unbedingt unglücklich, denn ganz im Unterbewußtsein hatte ihn die Skepsis über den Ausgang des Bärenexperiments noch nicht verlassen.

Dann, eines Tages, machte ihm der junge Bichlmayr Franz im Jägerhäusl einen Besuch und plärrte bei der Tür herein:

„Sie haben sich gefunden, und an'baut ham s' auch gleich! Zwei Junge hat s', beide pumperlg'sund, der Forstverwalter von Kahlberg hat s' geseh'n und kann 's schriftlich bestätigen. Hurra, hurra, Kramsei, unsere Aussetzung ist geglückt – der Bär in Österreich ist wieder da!

Aber noch war dem nicht ganz so: Der Wienerwald zum Beispiel war noch bärenfrei, auch die riesigen Schilfwälder am Neusiedler See, die wildreichen Niederen Tauern, das wilde Dachsteingebiet...

Hierauf angesprochen, meinte der junge Bursch: „Aber die Keimzelle ist da, das ist die Hauptsach'." Dann ergriff er den alten Jäger bei den Händen und sprach beschwörend: „Net wahr, Kramsei, du wirst mir doch auf die Bären aufpassen?"

Worauf dieser versicherte:

„Schon, schon, aber wenn mir einer d' Hosen heruntereißt, könnt' ich gleich hübsch grantig wern aa!"

Wieder vergingen viele Monate. Die Ötscherbären wanderten umher, erkundeten ihr Revier und vermieden jeden Kontakt mit der Öffentlichkeit.

Noch etliche Male hielt ein Anhänger drunten im Sindlergraben im frühen Morgengrauen; ein Bär aus Slowenien rumpelte heraus und machte sich mit seiner neuen Heimat bekannt.

„Nur das Feuer nicht ausgehen lassen!" sagte daraufhin der Herr „Bärenpräsident" und wünschte dem Gesellen ein gutes Fortkommen.

Nun war der Bärenbestand fast auf ein Dutzend angewachsen. Erste Begegnungen mit Touristen erfolgten und verliefen durchaus friedlich. Auch der Revierjäger Kramsecker hatte eine solche, und diesmal nicht auf der Bränden, sondern weiter herunten, auf einem Almstraßl, dessen Ränder der Bursche nach Blaubeeren absuchte. Er hatte ein ganz schwarzes Maul. Dem Kramsei schien es angebracht, sich schon von weitem bemerkbar zu machen. Er schwang den Hut:

„Ja grüß dich, alter Spezi, ich bin der Revierjäger Mathias Kramsecker und absolut harmlos!"

Der Bär verhoffte und schaute interessiert zu ihm her. Wenn so ein Viech bloß reden könnt', dachte der Kramsei, dann würd 's jetzt vielleicht antworten:

„Und ich bin der ‚Kranji' aus die Urwald aus Slowenien. Aber jätzt, bittschön, gehst du aus die Weg mir, hab unverschämtes Appetit auf Blaubeeren."

Aber leider – außer einem bissl Gebrumm war vom Bären nichts zu hören, und der Kramsei retirierte nach hinten, hockte sich dann auf einen Baumstock und setzte seine Pfeife in Brand.

Aber immerhin hatte der Bär seinen Namen: „Kranji".

Und noch einmal hatte er ein Zusammentreffen mit einem Bären, das er seinem jungen Freund Bichlmayr Franz mit folgenden Worten schilderte: „Ich geh' im Sindlergraben dahin, und grad an dem Platz, wo ihr mit dem Anhänger die Bären ausg'setzt habts, kommt ein solchener des Wegs. ‚Halt!' sag' ich, ‚da geht 's hinaus auf die Hauptstraß', da wird 's gefährlich!' Aber er geht unentwegt weiter auf mich zu. Ich hab' den Eindruck, daß der moant, es stünd wieder ein Anhänger da, in den er einsteigen könnt und der ihn zurückbrächt' nach Slowenien, weil er halt soviel Zeitlang hat nach dem alten Hoamatl. Und ich schrei' nochmal ‚halt!', aber er tut nichts dergleichen und nimmt mich nun regelrecht an, wie der Jäger sagt. Da ergreif' ich das Hasenpanier, aber weißt schon, mein Kropf, der hindert mich halt schon recht sakrisch, und der Bär kommt immer näher. Ich hör' seinen Schnauferer, sein Grunzen, spür' schon seine messerscharfen Reißzähn' im Gnack, da kugeln aus dem Steilhang herab zwoa kloane Bärlein, die Bärin nimmt s' sofort in Obhut, schleckt s' und busselt s' ab – und ich war gerettet!"

„Das hast guat g'logn", grinste der Bichlmayer Franz, „und jetzt 'lüst's mich wieder auf einen Jagertee in deiner Hütten."

Dem Kramsei war's recht, denn seit ihm die Frau gestorben und der getreue Jagdhund hinterhergefolgt war, hielt es ihn nicht mehr zu Hause, und er verbrachte die meiste Zeit auf seiner Jagdhütte, wo er nicht so an die glücklichen Ehetage mit seiner Burgl erinnert wurde.

Wieder dampfte also der Jagertee in den Tassen, und die beiden redeten und redeten; das Thema waren natürlich die Bären und immer wieder die Bären.

Bichlmayr Franz hatte mittlerweile seinen Doktor gebaut und hielt nach einer Anstellung im Lehrfach Ausschau.

„Weißt du, am liebsten hätt' ich Forstwissenschaft studiert oder gar net studiert und wär' Jäger word'n, wie du."

Kramsei sah ihm in die Augen: „Hast schon amal einen Schuß ab'geben?"

„Na!"

„Reizt's dich auf ein Stückl Wild zu zielen? Zum Beispiel auf einen Raubbären?"

„Na!"

„Dann wirst lieber Studienrat und zeigst deiner Klass', wo die letzten Frauenschuh wachsen im Ötscherland."

„Das wird wohl das Gescheitere sein."

„Und den Raubbären leg' i aufs Kreuz, bevor er dem Reblbauern die beste Kalm von der Weide holt."

„Macht er net, sind ja genug Hirsch und Reh im Wald."

„Aber eine Kalm geht leichter her, und einmal ist einer dabei, der das neißt (spannt), und dann interessiert ihn ein Schmalreh nimmer." Der Kramsei erfaßte die Hand seines jungen Freundes. „Das kommt, Franzl, wenn unsere Bären weiter Kinder kriagn und immer zahlreicher wer'n, und das Schlimmste, was uns dann passieren kann, ist das Wehgeschrei der Tierschützer, wenn die Jägerbüchs' ihre Pflicht tut."

Darauf der künftige Herr Studienrat:

„Vielleicht hast recht! Wir Idealisten sehn alles bloß durch unsere rosarote Brilln, das verzerrt die Wirklichkeit. Der Braunbär ist halt amal kein Teddybär!"

Der alte Revierjäger Mathias Kramsecker war kein geschulter Denker und hatte vom Professor Konrad Lorenz nie eine Zeile gelesen. Aber er traf wohl den Kernpunkt des Bärenproblems, als er, eingehüllt in schwere Wolken von Tabakrauch, folgendes von sich gab:

„Daß der Bär hier bei uns eingebürgert worden ist, ist euer Verdienst. Daß ihn die Leut' willkommen heißen, auch. Aber daß er bleiben kann, ohne daß amal ein furchtbares Erwachen durch die Lande geht – dafür muß die Jagerei gradsteh'n. Du hast es auf den Kopf 'troffen Franzl: Ein Braunbär ist kein Teddybär, und unser Bergwald ist kein Urwald. Ich glaub', wir brauchen alle miteinander eine hübsche Portion Glück! Und jetzt verzicht' i auf den Tee und sauf' den Rum aus der Flasch'n..."

Wie das Projekt „Bären in Österreich" weitergegangen ist, kann zahlreichen Veröffentlichungen in Zeitungen und Zeitschriften und sogar Fernsehberichten entnommen werden. Die Burschen bereiteten allmählich Schwierigkeiten. So zog ein gewisser „Nurmi" durch die Wälder – ein Bär, der mit einem außergewöhnlichen Wandertrieb ausgestattet war und sogar Mariazell mit seinem Erscheinen „beglückte". Vielleicht wollte er bloß eine „Kirzen" anzünden für seine Stammesbrüder im slowenischen Karst, vielleicht aber hatte er die Abfallkörbe des vielbesuchten Wallfahrtsortes als bequeme Nahrungsquelle entdeckt. Auch ein „Honigschlecker" tauchte auf und machte den Imkern zu schaffen. Wer aber die Volksseele zum Kochen brachte, das war der „Schaflmörder". Der schlug allerdings ziemlich brachialisch zu, und dann gab 's auch noch ein Mordsgfrett mit dem Schadenersatz.

Die Stimmung schlug um – nicht nur bei den unmittelbar Betroffenen –, und die Erregung legte sich erst wieder, als „Nurmi" in einem Käfig landete, der „Honigschlecker" durch ein Feuerwerk vertrieben wurde und der „Schafmörder" einer gut gezielten Kugel zum Opfer fiel.

Droben am Berg aber erfreute sich der großzügige Jagdherr Direktor Königsdorfer am Anblick eines Hauptbären, „erschoß" ihn mit seiner Kamera und fühlte sich in die Karpatenwälder versetzt, auf deren Besuch er aus Altersgründen künftig verzichten mußte.

Auch der Revierjäger Mathias Kramsecker hatte noch wiederholt Begegnungen mit Bären, die aber jedesmal mit einem Hutlupfen und einem „Grüaß di, alter Spezi!" glimpflich ausgingen.

Von unliebsamen Zusammentreffen zwischen Bären und Wanderern wurde nichts gemeldet.

Das Bärwild hatte sich nun im Gebiet des Ötscher und Dürrenstein ausgebreitet und wohl auch in der stillen, unwegsamen Kräuterin Revier bezogen.

Der alte Mathias Kramsecker war in Pension gegangen.

Bichlmayr Franz, jetzt Doktor Bichlmayr, war an der Spitze seiner Schulklasse bei einer Exkursion dem seltenen Frauenschuh auf der Spur. Als er den Abdruck einer Bärentatze entdeckte, gab 's ein großes Hallo:

„Kinder, jetzt sind sie wieder da! Hurra, wir haben wieder Bären in Österreich!"

Ob dem so bleibt, wird die Zukunft erweisen. Wenn es mit dem „Fortschritt" ungehemmt weitergeht, sind die Aussichten düster. Dann werden wir einmal froh sein um ein einzelnes Hirscherl im Bergwald und einen versprengten Gams im Gewänd.

Übrigens: Den alten Revierjäger Kramsei und den jungen Bichlmayr Franz habe ich zu meiner Bärenstory dazu erfunden. Wäre sonst ja auch langweilig gewesen...

Als die Wölfe ausbrachen

Andreas Finsterwalder war Holzhauer gewesen in einem Forstamt, das einen Teil der Wälder des Inneren Bayrischen Waldes betreute. Durch einen Unfall bei der Holzarbeit war er frühzeitig arbeitsunfähig geworden; mit einer lädierten Hand und einem steifen Bein ist ein Holzer der schweren Arbeit nicht mehr gewachsen. Er bezog eine nicht allzu üppige Unfallrente, konnte nur noch mit Mühe die Raten für sein kleines Häusl begleichen und war mit sich und der Welt zerfallen. Da trat ein Ereignis ein, das den permanent grantigen, z'widern Kerl wieder auf die Beine brachte.

Im Bayerwald, in seinem schönsten, urwüchsigsten Teil, im Rachel-Lusengebiet, wurde ein Nationalpark gegründet. Um dessen Besuchern das ehemals hier beheimatete Großwild näherzubringen, wurden Wisente, Braunbären, Luchse und Wölfe ausgesetzt, aber nicht etwa in freier Wildbahn, sondern in übersichtlichen Gehegen; anders hätten auch Herr Mayer aus Iserlohn oder Frau Schwäpple aus Stuttgart diese Tiere wohl nicht in Anblick bekommen.

Nicht jedermann aus dem Lager der Naturfreunde war von der Gehegehaltung begeistert, aber wollte man auf die Urbewohner der germanischen Wälder nicht verzichten, mußte man ihnen einen Drahtzaun vor die Nase setzen.

Unser Anderl Finsterwalder hatte das Glück, daß ihm die Betreuung der Bären und Wölfe übertragen wurde. Er absolvierte im Tierpark Hellabrunn einen Kurs als Tierpfleger, und schon nach kurzer Zeit wuchs er in seine Rolle hinein als Pflegevater der behäbigen, pummeligen Bären und der unruhigen, stets auf den Läufen befindlichen Wölfe.

Nun war seine Rente erfreulich aufgebessert, und er konnte auch die Raten für sein Häusl wieder bequem abzahlen.

Die Bären ließen ihn an ihrem Innenleben kaum teilhaben; sie lebten, wenig berechenbar und stets mit Vorsicht zu genießen, in ihrer eigenen Welt, und ein übermäßiger Freiheitsdrang war nicht zu erkennen. Die Wölfe aber hatten die Wildnis mitgenommen, ihre Verhaltensregeln waren die gleichen geblieben wie in den Weiten der russischen Steppe oder den unendlichen Wäldern Kanadas.

Bald waren sie Anderls Lieblinge geworden.

Sie kamen aus den verschiedenen Tierparks und waren nach Anweisung eines Wolfsexperten zusammengestellt worden. Alle trugen sie Namen, auf die sie allerdings nicht hörten. „Max" war der Leitwolf – ein alter, ergrauter Rüde, der lange in einem viel zu engen Gehege geschmachtet hatte. Jetzt wurde sein schütteres Fell dunkel und dicht, der Vorfahr kam wieder zum Vorschein, der irgendwo hoch oben im weiten Nordland den Elch gehetzt hatte.

Die „große alte Dame" des Rudels hieß „Irmingard", nicht etwa wegen einer entfernten Ähnlichkeit mit einer Klosterschwester, sondern weil Anderls älteste Tochter, die er besonders liebte, ebenso hieß.

So sanft, so verträglich wie dieselbe war auch die Wölfin.

Ein Angeber erster Güte und die geborene Raufernatur war der Jungwolf „Brizilinsky", kurz „Linzky" genannt, der nach dem jungen Waldarbeiter desselben Namens benannt worden war, der in den Wirtshäusern rund um den Rachel durch seinen Hitzkopf und seine Körperkraft von sich reden machte.

„Alma" war eine schlanke, quirlige Jungwölfin und offenbar die Favoritin des grimmigen alten „Max"; sie war die einzige, die es sich erlauben konnte, ihn kräftig zu zausen und in die Beine zu zwicken.

Und dann wäre da noch „Stutzerl" zu nennen – eine Dame mittleren Alters, die irgendeinmal bei einem ernsthaften Gefecht einen Teil ihrer prächtigen Lunte eingebüßt hatte, was sie zeit ihres Lebens grämte.

Später kam noch „Rudolfo" hinzu, eingeführt aus den Abruzzen, der einzige „Wildling", allerdings ohne sicheren Abstammungsnachweis; ein Schuß Dorfköterblut konnte nicht ganz ausgeschlossen werden. Aber er war gesund, kräftig gebaut und als Nachfolger von Rudelhäuptling „Max" vorgesehen.

Nun habe ich sie vorgestellt, die Biester, die in früherer Zeit ganze Landstriche verunsicherten und nun ihr Familienleben vor uns ausbreiten – wohlgeborgen und gut versorgt im Gehege des Nationalparks durch den Pflegevater Anderl Finsterwalder. Pflegevater? Nein, längst war er zum Oberleitwolf befördert worden, und zwar auf demokratische Art – nämlich durch Mehrheitsbeschluß.

Das hatte viel Mut und viel Durchsetzungsvermögen erfordert. Er wurde eindringlich gewarnt: „Anderl, laß den Unfug, bleib draußen, Wolf bleibt Wolf!"

Aber dies konnte ihn nicht daran hindern, eines Tages im Wolfsgehege umherzuspazieren, den Handrücken einer Wolfsschnauze zum Beschnuppern hinzuhalten, sich sanft in die Beine zwicken zu lassen und der alten „Irmingard" zärtlich und vorsichtig zugleich den Rücken zu kraulen.

Nur mit dem grimmigen „Max" hatte er Schwierigkeiten, der wollte nicht gerne abtreten. Aber als Anderl sich eines Tages seinen Kopf zwischen die Beine klemmte, schmerzhaft zuzwickte und alsodann ausrief: „Wachablösung, alter Knabe!", da hatte „Max" verstanden. Allerdings nicht ohne zuvor mit einem besonders ergiebigen Pferdeschenkel aus der Abdeckerei bestochen worden zu sein.

So war der Anderl Finsterwalder, mit seinem steifen Bein und der nicht mehr voll funktionsfähigen linken Hand in der menschlichen Gesellschaft längst auf einen Abseitsposten verwiesen, zum Häuptling des Wolfsrudels und damit zur Attraktion des Nationalparks geworden. Man kann sich vorstellen, mit wieviel Befriedigung und Stolz ihn dies erfüllte.

Eines Tages, als er gerade inmitten seiner „Kinder" lagerte und seine Vespersemmel verzehrte – was ihm nur gelang, weil deren Bäuche zum Platzen voll waren und der grimmige „Max" bereit saß, einen eventuellen Übergriff mit aller Schärfe abzuwehren –, fand sich vor dem Gatter ein junger Bursch ein und rief zum Anderl herüber:

„Herr Finsterwalder, mich schickt die Parkverwaltung, ich bin Ihr neuer Gehilfe!"

„So", brummte der Anderl nicht unbedingt begeistert, „neuer Gehilfe? Die Wölf' haben mich aber noch nicht gefressen, und ich brauch' keinen."

Aber so war es nun einmal beschlossen worden, und Anderl schaute sich den Burschen genauer an. Ein Schlägertyp war er nicht, eher ein sanfter Knabe mit melancholischen Augen und, wie sich später herausstellte, ein anstelliger, fleißiger Kerl, der als Forstlehrling eingestellt worden war und nun einen Teil seiner Ausbildungszeit als Gehilfe im Freigehege verbringen sollte.

Er hieß Manfred (Mane) Schweiger, war soeben 18 Jahre alt geworden und am kleinen elterlichen Hof mit Viehzeug aller Größenordnung aufgewachsen – von der Milchgeiß bis zum Wollschaf, von der Leghenne bis zum Karnickel, vom Bibergockel bis zum Hofhund, von der Katz bis zum Ratz. Er war ein erklärter Tierfreund wie schon sein Vater, und alles bewegte sich auf dem Hof in größtmöglicher Freiheit.

Das war der ideale Mann für Wolfsvater Anderl Finsterwalder, und bald waren die beiden, trotz des großen Altersunterschieds, dicke Freunde.

Allerdings: Das Wolfsgehege zu betreten, blieb dem jungen Burschen versagt. Hier herrschte und wirkte der zweibeinige Oberleitwolf Anderl mit seiner abgetragenen

Lodenjoppe und dem Filzhut, auf dem die Waldschwammerln wuchsen.

Es vergingen etliche Monate, und Mane erreichte, daß seine Praktikantenzeit als Gehilfe im Tiergehege verlängert wurde. Auch bei den Wisents, den Bären und den Luchsen machte er sich nützlich, und die Jägerprüfung abzulegen, wie ihm sein Chef geraten hatte, lehnte er kategorisch ab:

„Nix für mich, Herr Forstrat, ich bin fürs Lebendige!"

So die Situation, als Andreas Finsterwalder eines Morgens das Wolfsgehege leer und den Drahtzaun aufgeschnitten fand.

Anderls geliebte „Kinder" waren also fort, der grimmige „Max", die sanfte „Irmingard", der Raufbold „Linsky", die schlanke „Alma", das „Stutzerl" mit dem Schwanzstutzerl und „Rudolfo" aus den Abruzzen.

Wohin? Anderl Finsterwalder gab ihnen wenig Überlebenschancen, denn er kannte seine Waldler mit den flinken Augen und der treffsicheren Büchs. Keiner würde sich die Gelegenheit entgehen lassen, einen Wolf auf die Decke zu legen.

Und dann kamen sie an, die „zuständigen Herren" von Parkverwaltung und Forstpartie, Beamte der Polizeistation mit einem besonders ausgebildeten Wildererspezialisten und zuletzt, was leider nicht zu verhindern war – Reporter der Lokalzeitung.

Eventuelle Spuren wurden zum Leidwesen des „Wildererspezialisten" in kurzer Zeit zertrampelt, und der Reporter des „Zwieseler Waldboten" spitzte seinen Bleistift und machte Notizen.

Dann zogen sie alle wieder ab, und der Wolfsvater und sein getreuer Gehilfe blieben allein zurück, umhüllt von den Düften der letzten Wolfsmahlzeit, auf die sich nun wohl die kleineren Räuber des Waldes stürzen würden.

Am nächsten Morgen erzitterten die Zeitungen in den Händen der Leser an den Frühstückstischen, denn es hatte sich Fürchterliches ereignet – Wölfe waren ausgebrochen aus dem Nationalparkgehege, sechs, ein Dutzend, zwei Dutzend, wenn nicht mehr! Eine Sensation, eine ungeheuerliche Sensation, ungeheuerlicher noch, als hätte der Bischof von Passau seine plötzliche erwachte Hinneigung zu den „Sozis" bekundet.

Und dann ging in weiten Bevölkerungsskreisen, vor allem der rein ländlichen Gegend, die pure Angst um. Nicht aber bei den schon erwähnten Waldlerjagern. Bei denselben schäumte das Bier in den Gläsern, und anläßlich einer eilig einberufenen Versammlung rief der Herr Jagdverbandsvorsitzende Kinadeder Michl aus: „Ruhe bewahren, meine Herrn, wir können 's erwarten, bis der erste von der Bande irgendein Schulmädel in die Wadln zwickt. Dann fallen auch die fanatischsten Tierschützer um, und wir laden unsere Büchsen!"

Aber noch war es nicht soweit.

Von der „Wolfsfront" wurde inzwischen absolute Ruhe gemeldet. Nichts hatte sich ereignet – keine Spur, kein Anblick. Das Rudel schien sich in Luft aufgelöst zu haben. War es in einem Sturmlauf hinüber in den Böhmerwald gewechselt und dann weiter, weiter, hinab in die Slowakei, begrüßt von den letzten ihres Stammes als willkommene Blutauffrischung? Oder hatten sie sich zerstreut, waren Einzelwesen geworden, die sich in irgendeinem Dickicht verbargen, die Angst im Nacken?

Forstamtmann Siebenschrötl, jetzt zwei Jahre vor der Pension, war nie ein besonderer Freund des Nationalparkgedankens gewesen. Er fürchtete den Rummel, der auf das große, einst so stille und wenig beachtete Waldgebiet hereinbrechen würde. Und als die Basisstraße durch den Park gebaut wurde, von Tausenden, von Zehntausenden Autos durchquert, und die Freigehege sowie die Informationshäuser entstanden, da meinte er zu seinem Chef:

„War ja vielleicht gut gemeint mit unserem bayrischen Yellowstonepark, aber daß selbiger bald fünfhundertmal so groß ist – das hat man dabei vergessen. Ein einfacher Naturschutzstatus für das Batzl Wald hätt's auch getan, aber ‚Nationalpark', das klingt halt besser, und jetzt ist die Bescherung da. Die Masse Mensch fordert ihr Recht, und einen freilebenden Hirschen wird man bloß noch drüben im Böhmischen so zu sehen bekommen. Aber mich grämt 's nicht mehr, nächstes Jahr geh' ich in Pension."

Mit diesem „unzeitgemäßen" Forstamtmann, dessen erzkonservative Einstellung, die weder seiner vorgesetzten Behörde noch der Fremdenverkehrsverwaltung übermäßige Freude bereitete, setzte sich der Wolfsvater Finsterwalder Anderl zur Beratung zusammen.

Von jenseits der Landesgrenze war noch immer nichts gemeldet worden, somit mußten sich die Wölfe noch auf der bayrischen Seite aufhalten. Sie würden wohl irgendwo umherirren, ob noch im Rudel oder schon versprengt – das wußte niemand.

Der eintönige Fichtenwald ist von Natur aus arm an Hochwild und, mehr noch, an Niederwild; größeres Raubwild, das überleben wollte, mußte sich an die lichten, südseitigen Bauernwälder mit den eingesprengten Gehöften halten, den Viehweiden, den kleinen Filzen und Mooren und den nahrhaften Kleewiesen, Heimat von Reh und Feldhas'. Und die beiden Männer kamen zu dem Ergebnis, wenn die ausgebrochenen Wölfe den großen Treck zu ihren Brüdern und Schwestern im Osten nicht wagten, dann blieb ihnen nur das Bauernland. Einer nach dem andern mußten sie hier auftauchen, und ein gerissenes Schaf oder gar Weiderind waren die Folgen.

Und somit ein halber Volksaufstand.

Und die weitere Folge war, daß die Jäger zu den Waffen gerufen wurden, worauf sie, mit wenigen Ausnahmen, schon warteten. Aber noch hielten sich Jagdbehörde und Regierung mit der Abschußerlaubnis zurück.

Die Front der Tierschützer war übermächtig und die Presse auf ihrer Seite. Und auch der Wolfsvater Anderl Finsterwalder selbst hatte das Seinige dazu beigetragen, daß die Kappen vorerst auf den Laufmündungen blieben. Entgegen jeglicher Gepflogenheit und unter Umgehung des Dienstwegs war er zum Amtssitz des Herrn Regierungspräsidenten, der letzten Instanz im „Wolfskrieg", geeilt und hatte um eine Audienz gebeten.

Ziemlich aufgeregt stand er vor dem hohen Herrn.

„Aha", sagte dieser, „der ‚Oberleitwolf' vom Nationalparkrudel! Habe viel über Sie gelesen." Mit diesen Worten bot er dem Finsterwalder Anderl eine Zigarre aus einem exklusiven Kästchen an.

Anderl paffte den Rauch in die Luft:

„Ja, der bin ich, und Sie können sich denken, weshalb ich da bin."

„Kann ich mir."

„Ich bitt' im Namen meiner ‚Kinder', die mir ans Herz gewachsen sind, um Aufschub der Abschußgenehmigung."

Nun steckte sich auch der Herr Regierungspräsident eine Zigarre ins Gesicht.

„Wie lange?"

Hierauf der Anderl: „Bis sie wieder im Gehege sind."

„Und wie gedenkt er das zu bewerkstelligen?"

Anderl lebhaft: „Durch zweierlei: Ankirrung im Gatter und heraußen Aufstellen von Fallen für den Lebendfang."

„Und damit, meint er, hat er Erfolg?"

„Wenn Zeit genug ist, ja."

Der Herr Präsident, von Anderls knapper Sprache beeindruckt:

„Zeit, Zeit, das ist es! Sie ist knapp, der Winter steht vor der Tür. Ihren Schützlingen wird der Magen knurren, sie werden der menschlichen Besiedelung immer näher kommen. Die Hauskatze, der Hofhund werden nicht mehr vor ihnen sicher sein. Und sollten sie oben bleiben im Wald, sind die Rotwild-Wintergatter in Gefahr. Gelingt ihnen der Einbruch, gibt's ein Blutbad."

Der Anderl ernst:

„Ich weiß! Wo ein Wolfsgebiß zuschlägt, da gibt es kein Entrinnen. Wie lang hab' ich Zeit?"

Der Herr Präsident war ernst geworden:

„Lieber Anderl Finsterwalder, tun Sie, was Sie können, und das möglichst schnell!" Sie haben meine Rückendeckung. Aber soviel sollen Sie wissen: Wenn einer ihrer Schützlinge ein Schafl oder einen Goaßbock reißt, wird der Schaden augenblicklich und unbürokratisch ersetzt. Zeigt er aber einem Mitglied der menschlichen Gesellschaft die Zähne oder zwickt er dieses sogar ins Wadl, kann ich das große Wolfstreiben, auf das unsere Flintenschwinger schon alle sehnsüchtig warten, nicht mehr aufhalten."

Anderl nickte mit dem Kopf:

„Gut, ich weiß, woran ich bin, und tu' mein Möglichstes."

Er erhob sich. „Noch eine Frage, Herr Präsident! Sind Sie Jäger?"

Derselbe schmunzelnd: „Wenn du 's unbedingt wissen willst: ich bin einer, aber beim großen Wolfstreiben werde ich durch Abwesenheit glänzen. Hoffentlich kommt 's nicht dazu, und verständige mich augenblicklich, wenn du deine ‚Kinder' wieder in Obhut hast. Und nun viel Glück!"

Teils leichten, teils schweren Herzens verließ der Anderl den Regierungssitz. Nun wartete harte und schwierig Arbeit auf ihn und seine Getreuen, die da waren der Forstamtmann Siebenschrötl, ein Waldarbeiter namens Konrad

Bammerl, der Vorstand des Naturschutzbundes Dr. Oberreither, denen sich die Tierschutzvereinsvorsitzende Amanda Klüferl zugesellt hatte und natürlich der junge Schweiger Manfred, der sich durch besonderen Eifer, ja geradezu fanatische Arbeitswut auszeichnete.

Von der Böhmerwaldseite war noch immer nichts gemeldet worden, auch nichts aus dem Gebiet des Falkensteins und des Großen Arber. Sie mußten noch da sein, und der Riß eines Rehs, nicht weit vom Gehege entfernt, bestätigte es. Eine kümmerliche Mahlzeit für fünf hungrige Wolfsmägen, die sich wohl der grimme „Max" unter den Nagel gerissen hatte.

Nun galt es, die Fallen zu verteilen – aber welche Fallen? Forstamtmann Siebenschrötl erinnerte sich, daß die wolfsgeplagten Bauern des Mittelalters ihre besten Ergebnisse mit Fanggruben erzielt hatten. Ein schmaler, tiefer Schacht wurde gegraben, darüber dürres Geäst und Laubwerk verteilt und unten blökte ein Schäflein oder meckerte ein Zicklein – das waren die Opfer, die sie erbrachten, um Erzfeind Isegrim kaltzustellen.

Und so machten es auch die Verfechter des Projektes „Der Wolf soll leben" dereinst im Bayerwald.

Sie gruben, sie schaufelten, sie schwitzten, und der junge Mane, an Tatkraft und Einfallsreichtum nicht zu überbieten, sorgte, wenn auch schweren Herzens, für die Ködertiere, indem er seines Vaters Schafherde dezimierte und das eine und andere Ziegenböcklein, reichlich mit Futter versorgt, in den Wolfsgruben verschwinden ließ.

Es blökte und meckerte im ganzen Wald; die Lauscher der Wölfe spitzten sich, der Geifer rann aus den Fängen – es konnte nichts mehr schiefgeh'n.

Und tatsächlich: Schon am nächsten Morgen meldete Frau Amanda Klüferl, die als erste auf den Beinen war, daß sich in Fanggrube eins ein Wolf befinde.

Voller Freude eilten die Männer hinzu, schoben das Reisig zur Seite und starrten hinab auf den Boden der Grube.
Da hockte in der Tat ein wolfsähnliches Wesen.
„‚Rudolfo‘, der Abruzze", jubelte der Anderl und knotete schon das Fangnetz auf, in dem sie das Tier heimzubefördern gedachten.
Aber Mane mußte ihn enttäuschen:
„Das ist nicht der ‚Rudolfo‘, Herr Finsterwalder, sondern unser Hüterhund ‚Schwanzl‘. Und schaun S' an, wie er das Lampl ableckt! Der muß ein furchtbares Zeitlang nach ihm gehabt haben."
Die erste Aktion „Wolfsgrube" war somit fehlgeschlagen, aber noch meckerten und blökten ein halb Dutzend Opfertiere im Wald, und es war anzunehmen, daß der Hunger der Ausgebrochenen immer heftiger, immer unerträglicher wurde. Indes, die Wolfsgruben blieben leer, und man mußte daran denken, die geschwächten Kitzl und Lampln gegen neue Köder auszutauschen.
Da heiterte eine Erfolgsmeldung die deprimierten Gemüter der Wolfsgarde wieder auf: „Die Altwölfin „Irmingard" war überraschend ins Gehege zurückgekehrt, und nun stand zu hoffen, daß der übrige Familienclan, wenn auch nicht in weiser Einsicht, so doch vom puren Kohldampf getrieben, ihr nachfolgen würde.
Sie wurde verwöhnt, sie wurde verhätschelt, wie es einer First Lady gebührt, und man glaubte, sie tatsächlich jaulen zu hören: „Gebt auf, Kinder, kommt wieder zurück, ich laß euch genug übrig für eine gewaltige Freßorgie."
Aber die „Kinder" hörten es nicht. Der Wandertrieb hatte sie erfaßt; immer heftiger verspürten sie die Freiheit, die sehnigen Läufe griffen aus, dahin, dorthin und schließlich hinab in die Täler und weiter und weiter. Vielleicht waren sie auf einen uralten Fernwechsel in den Steinwald

gestoßen, ins Fichtelgebirge, in die Veldensteiner Forste – einen Wechsel, dem sie folgten, bis ihnen eine Autobahn Halt gebot. Und dann schlichen sie wieder zurück in die dunkle Nacht, die Lenden eingefallen, die Lecker heraushängend.

Und dann geschah das Malheur: „Linzky", der Jungrüde, riß einem kleinen Mädel, das auf dem Weg zur Schule war, den Ranzen vom Rücken, zerfetzte ihn und machte sich über die Pausenbrote her, fast wahnsinnig vor Hunger. Und als er sich vollgestopft hatte, aber noch längst nicht satt war, verfolgte er die Kleine, die sich nur mit Mühe und Not hinter eine Haustür retten konnte.

Der Vorfall kam, bis zum Unerträglichen aufgebauscht, in die Presse, der braven Landbevölkerung liefen Schauer über die Rücken, die Tierschützer zogen sich ins Schneckengehäuse zurück, und der Herr Präsident am Regierungssitz griff schließlich widerwillig und schweren Herzens zum Telefonapparat:

„Es ist soweit! Jagd frei, meine Herren!"

Anderl Finsterwalder, der Wolfsvater, hatte die Schlacht verloren.

Zwar wurden von seiten der Tierschützer noch einige Vorschläge eingebracht, deren bemerkenswertester die Verwendung von Narkosegewehren war, aber die Jagd war bereits angeblasen, und es geschah, was Hermann Löns vor fast einem Jahrhundert in seinem unsterblichen „Mümmelmann" so umwerfend komisch geschildert hatte:

„Sie zogen aus, bis an die Zähne bewaffnet, an die Dreitausend, an die Dreihundert, an die Dreißig, schrecklich anzuseh'n in ihrem Kriegsschmucke."

Wenn schon Spurschnee gelegen wäre, auch nur eine dünne Prise, dann hätte man ein leichtes Suchen gehabt, und eine gar lustige Hatz wäre angeblasen worden mit Treibern und Hunden, oder man hätte, bei entsprechenden

Bedingungen, die alte traditionelle Lappjagd wiederauferstehen lassen, wie sie heute noch in östlichen Ländern über die Bühne geht, durchaus erfolgversprechend, denn Isegrim, der sonst so Schlaue und Gerissene, fürchtet die bunten Stoffetzen mehr als seine eigene Schwiegermutter. Diese übrigens, nämlich „Irmingard", die Altwölfin, hatte von all der Aufregung nicht das geringste mitbekommen; in einem verkleinerten Gatter delektierte sie sich an der überreichlichen Tafel, wurde kugelrund, und nur des Nachts sandte sie ihr Sehnsuchtsgeheul in den Himmel: „Üüü... üüüüh... so kommt doch zurück, kommt doch zurück... aahuu... aauuu...."

Sie war des Wolfsvaters einziger Trost geworden, in ihrer Umarmung und durch ihre seibernden Küsse linderte sich sein Schmerz.

Dann fiel draußen im Bauernwald der erste Schuß.

Der Breitwieser Simon, Uhrmachermeister von Zwiesel und stolzer Inhaber von über dreißig Jahresjagdscheinen, hatte tatsächlich auf einen Wolf geschossen. Aber erst, als er schon nicht mehr da war, und somit in die Luft.

„Sakra, sakra, sind die schnell, da mußt vorhalten, sakrisch weit vorhalten!"

Auch der zweite Schuß, der durch die Wälder donnerte, war daneben gegangen. Die Aufregung war's, die fürchterliche Aufregung, die den Zielstachel in nie gekannter Weise umhertanzen ließ.

Ein Wolfsfell an der Wand, sowas gab es im ganzen niederbayrischen Jägerleben nicht mehr!

Dann ereignete sich eine echte Tragödie, der der schon „vorbelastete" „Linzky" zum Opfer fiel. Derselbe war in einen Hühnerstall eingedrungen und hatte dortselbst „reinen Tisch" gemacht.

Bei der anschließenden Mahlzeit war sein Bauch sosehr angeschwollen, daß er trotz größter Kraftanstrengung durch das Hühnerloch nicht mehr entweichen konnte. Er fing an zu japsen, schließlich zu heulen und machte dadurch auf sich aufmerksam.

Der Eigner des Hühnerstalls, der Kleinbauer und Wegmacher Kinseder Sepp, spähte durch eine Ritze, schob vorsichtig ein Brett zur Seite und starrte in den „fürchterlichen Rachen" eines Wolfs. Und nun seine persönliche Schilderung in Anwesenheit der Lokalpresse:

„Da hab' ich überlegt, soll ich einen Jäger rufen oder den Fall selbst erledigen? Ich, der Kinseder Sepp, mit dem Eisernen Kreuz Zweiter Klasse in Rußland ausgezeichnet zwegen eines erfolgreichen Spähtruppunternehmens, bin doch kein Feigling! Ich habe eine Spitzhacke geholt, mein hauptsächliches Wegmacherwerkzeug, hab' den Hühnerschlupf aufgemacht, und als er den Kopf heraussteckte, zugeschlagen. Nicht bloß einmal, sondern dreimal. Da hat er noch ein bissl mit dem Schwanz gerudert und war verendet."

Sepp Kinseder, der Spähtruppführer und Wolfstöter, durfte das Wolfsfell behalten – und da waren 's nur noch vier.

Dann fiel wieder ein Schuß, und diesmal hatte er getroffen. Das Opfer war „Rudolfo", der Abruzzer, und der glückliche Erleger ein alter Bauernjäger namens Kreiwidl Vinzenz, ein durchaus dubioser Mensch, der in früheren Jahres nachweislich gewildert, ja sogar Schlingen gelegt hatte. Keiner aus dem Lager der ehrbaren Waidmänner, der nicht laut hörbar mit den Zähnen geknirscht und ihm das Jagdglück mißgönnt hätte.

Aber das half nichts – es waren nur mehr drei.

Nun wollte man aber doch dem Sägewerksbesitzer Heilbrunner Edi, dem Pächter des größten Privatreviers der Gegend, eifriger Förderer der Vereine, Stifter des Feuerwehrhauses sowie der neuen Kirchenglocke, zum verdienten Jagderfolg verhelfen.

Die Jagdkameraden wurden angehalten, Zurückhaltung zu üben, und man wies den splendiden und körperlich gewichtigen Jagdherrn auf eine massive Kanzel ein. In deren Bereich, auf einem versumpften Waldweg, hatte man in letzter Zeit wiederholt Wolfsspuren ausgemacht.

Ein greises, hinfälliges Shetlandpony wurde angepflockt, nach Karpatenmuster dort selbst vom Leben zum Tode gebracht, und dann war für drei Tage absolutes Betretungsverbot im Umkreis der Kanzel.

Als dann der Heilbrunner Edi, „leicht wie ein Federball", zu derselben schlich und sie bestieg, war der Wolf schon so gut wie tot.

Und was niemand geglaubt und im verborgenen Herzenswinkel auch nicht gewünscht hatte, trat ein: Der Wolf kam zur Strecke. Kein kapitaler, nicht einmal ein halb kapitaler – nämlich „Alma", die Jungwölfin.

Und jetzt waren 's nur mehr zwei.

Wenige Tage später wurde aus dem südlichen Bayrischen Wald das Auftauchen eines Wolfes gemeldet, und die Lokalpresse ließ es sich nicht nehmen, den Fall groß herauszubringen. Aber lassen wir den Reporter selbst zu Wort kommen:

„Meister Isegrims unrühmliches Ende"

Jetzt hat es also auch ihn erwischt, den vorletzten der ausgerissenen Nationalparkwölfe, aber nicht durch eines Jägers Kugel fand er sein Ende, er wurde vielmehr regelrecht totgeschlagen – und dies, nachdem er in einen Schafspferch eingedrungen war. Man kann sich das Blutbad vorstellen, das er angerichtet hätte, aber bevor er das erste Opfer am Kragen hatte, wurde er vom Schafhalter entdeckt, welcher augenblicks ein halb Dutzend Bauern alarmierte, die in Windeseile, mit Mistgabeln, Sensen und

Knüppeln bewaffnet, anrückten. Der Wolf, es war ein sehr kleiner Wolf, ahnte nichts Gutes und versuchte sein Heil in der Flucht, was ihm aber mißlang, denn prompt hatte ihm einer der aufgebrachten Landwirte den Weg abgeschnitten, drohend die Mistgabel auf ihn gerichtet. Da versuchte er seitlich zu entwischen, aber auch da stand schon ein Bewaffneter, und auch hinter ihm war der Fluchtweg abgeschnitten, und er war hoffnungslos eingekreist. Der Wolf, und es muß wiederholt werden, daß es nur ein sehr kleiner Wolf war, zeigte Zeichen der Unterwerfung, er war schwach und halb verhungert, vermutlich hätte man ihm mit einem nicht zu groben Hieb aufs Nasenbein betäuben und alsdann in einen Rupfensack stecken können, um ihn im Nationalpark abzuliefern, gewiß nicht ohne eine ansehnliche Prämie.

Aber konnte man das von den Bauern erwarten, in denen der alte, seit Jahrhunderten eingegerbte Wolfshaß noch immer loderte? Nein, man konnte es nicht. Und so endete das Leben der armen Kreatur unter den Knüppelschlägen der Außer-sich-Geratenen. Übrig blieb nur ein blutiges Knäuel Fell, das sie in einem schnell aufgeworfenen Loch vergruben – aus heutiger Sicht gewiß ein beschämender, unwürdiger Vorgang.

Soweit der Zeitungsbericht. Als ihn Wolfsvater Finsterwalder zu lesen bekam, fuhr ihm die Zornesröte ins Gesicht:
„Der Stutzerl also auch! Ihr Sauhund', ihr Sauhund'!"
Jetzt war es nur mehr einer. Nämlich der alte, grimmige „Max", der Hauptwolf und Rudelführer.
Der schien ein harter Brocken zu werden.
Als die ersten Schüsse krachten, hatte er sich vom Restrudel sang- und klanglos verabschiedet und war weit hinaufgezogen in die Waldhänge. Der Hunger plagte ihn brachialisch; schließlich gelang es ihm, ein marodes Altreh

zu überlisten, das hielt für eine Weile an. Im Staatswald hatten nur die Forstbeamten und Berufsjäger das Sagen; keiner von ihnen, der daran dachte, dem alten „Maxen" vom Nationalparkgehege das Lebenslicht auszublasen. Forstamtmann Siebenschrötl selbst hätte die beste Gelegenheit dazu gehabt. Wie eine Schießscheibe stand „Max" unter ihm, der sich auf einem kleinen Felsköpfl eingenistet hatte, um das zu Winteranfang den Grenzbereich überschreitende Rotwild zu beobachten. Mit aller Stimmkraft, deren er fähig war, schrie er hinunter:

„‚Max', gib Gas, hau ab über die Grenze, und dann renn, was du rennen kannst, zu deinen Brüdern in die Tatra oder ins slowenische Erzgebirge!"

Vermutlich tat er das dann auch – man hat nie wieder etwas von ihm gehört...

Was er zurückgelassen hatte, waren zur Überraschung der Parkverwaltung und zum Erstaunen der Wolfsexperten zwei kleine kugelige, putzige Welpen, welche die alte „Irmingard" dem überglücklichen Ziehvater Finsterwalder Anderl treuherzig vor die Füße legte. Zwei Jahre hatte sie bereits „ausgesetzt", und das war auch völlig normal bei ihrem fortgeschrittenen Alter. Da mußte der grimme „Max" beim letzten Hochzeitsreigen einen gewaltigen Aufsprung hingelegt haben – so als hätte er gewußt, daß er sich noch verewigen müsse, bevor er für immer im weiten Ostland untertauchte.

Die Zeit ging hin, im Wolfsgehege tummelte sich wieder ein Rudel, und aus welchen Tierparks sie auch kamen – besser hatten sie es allemal als zuvor, wenn auch der Wolfsvater Anderl Finsterwalder inzwischen in den Ruhestand abgegangen war.

Auch sein getreuer Gehilfe war nicht mehr da; seine Praktikantenzeit war unwiderruflich um, und er werkte irgendwo in einem Holzschlag im Forst.

Manchmal noch erschien am Gehegezaun der „Wildererexperte" der Kriminalpolizei, nach wie vor auf Spurensuche; nur allzugern hätte er den Täter, den er in einheimischen Jägerkreisen vermutete und der sich mittlerweile wohl in Sicherheit wiegte, überraschend am Krawattl gepackt. Aber es kamen ihm weder neue Erkenntnisse noch die ersehnte Erleuchtung, und so wurde die Akte geschlossen.

Bei einem Betriebsausflug des Forstamts, bei dem auch die unterdessen pensionierten Forstleute und Waldarbeiter eingeladen waren, trafen einander der Anderl und der junge Mane wieder. Sie waren mit dem Omnibus nach Berchtesgaden gefahren, wo sich ein neuer Nationalpark soeben in Planung befand.

Sie hockten heraußen auf der Terrasse eines Cafés mit Blick in die urtümliche Landschaft von Watzmann, Hochkalter und Reiteralpe, der Finsterwalder Anderl, der Schweiger Manfred und der Forstamtmann a. D. Siebenschrötl, und letzterer meinte, während er an seinem Weißbier zuzelte:

„Also nochmal ein Nationalpark, und auch nicht viel größer als der unsere!"

„Aber gewaltiger, viel gewaltiger", schwärmte der Anderl angesichts der Bergriesen, die oben schon von Schnee bedeckt waren.

Forstamtmann Siebenschrötl, der alte Hirschjäger und Waldmensch, hatte sich von der Nationalparkidee noch immer nicht überzeugen lassen.

„Wißt 's ihr, was ich tät' mit dem schönen Fleckerl Erde?"

„Was?" meinte der junge Schweiger Mane gespannt.

Siebenschrötl grinste: „Gar nichts!"

Mane war sichtlich enttäuscht. Aber dann wurde der alte Forstmann eifrig:

„Nichts nutzt der Natur sosehr als wie gar nichts zu tun, ihr alles ganz alleine zu überlassen, ihrer Urkraft, ihrem

Einfallsreichtum, ihrer Phantasie. Und ihr Zeit geben, viel Zeit, mehr braucht sie nicht. Vielleicht gewöhnt sich einmal eine kleine Luchsfamilie an den Wandererstiefel am Bergsteig, und ein Braunbär aus Slowenien erscheint und mag sein Ehegespons nachkommen lassen. Und vielleicht ist es dann eines Tages wirklich da, dieses von selbst gewachsene Stückl Urnatur, das alle sosehr zurücksehnen, und es braucht keine Parkverwaltung und keine Bürokratie, höchstens zwei oder drei handfeste Revierjäger, die den Wildzuwachs abschöpfen, mit dem der Luchs und der Bär nicht fertig werden." Nach dieser langen Rede trank der Forstamtmann a. D. Siebenschrötl sein Weißbier auf einen Zug leer und begab sich zu seinen ehemaligen Kollegen am Nachbartisch.

Die beiden Zurückgebliebenen waren nachdenklich geworden.

„Vielleicht hat er recht", überlegte der Anderl, „und auch bei uns wär 's eines Tages soweit gekommen, wie 's der Siebenschrötl meint, daß 's bei den Berchtesgadenern einmal sein könnt. Genug Stille um den Rachel und Lusen herum, keine Wegschildl mehr, unten ein kleines Straßl ohne Autos, dann hätt 's sein können, daß einmal von selber ein einzelner Bär aus der Hohen Tatra seinen Besuch gemacht hätt' und ein Wolf aus den Waldkarpaten durchgewechselt wär... Und wir hätten wenigstens für einen kurzen Augenblick einen echten Urwald gehabt wie in grauer Vorzeit. Aber ich darf mich nicht beschweren, ich bin ja ein Nutznießer gewesen vom Nationalpark in der heutigen Form und hab' mit meinen Wölfen ein Zubrot gehabt und einen Spaß dazu."

Der junge Mane war während Anderls Rede seltsam unruhig geworden. Mit leiser Stimme sagte er:

„Einen Spaß also hast du gehabt, Anderl – ich nicht!"

Anderls Augen forschten in seinem Gesicht.

„Den Spaß hat man dir auch gar nicht angemerkt", fuhr Mane fort. „Hast du dich etwa gar g'freut, als einer den Drahtzaun aufg'schnitten hat?"

Mane rückte unruhig auf seinem Stuhl hin und her. „Und mich haben, wenn ich ehrlich bin, die Wölf' erbarmt, weil sie unentwegt gerannt sind, immer am Zaun entlang, immer hinausstarrend in den Wald, in die Freiheit. Und ich hab' mir gedacht, die meinen wohl, das sei nur der Anfang, das Eingewöhnen, und eines Tages würde das Tor geöffnet, und ab ging 's in die weite, unendliche Wildnis. Ich glaub', sie haben sehr gelitten..."

Anderl mit leicht zerkniffenen Augen:

„Und du auch?"

Mane senkt den Kopf:

„Ja!"

Anderl hierauf:

„Du brauchst nicht mehr weiterreden. Eines Morgens bist du dann hinausgeschlichen, die Drahtschere in der Hand..."

Der junge Bursch griff nach den schrundigen Händen des alten Anderl und stieß mit heiserer Stimme hervor:

„Ja, ich hab 's getan in Dummheit und Unverstand, und gereut hat 's mich gar bitter!"

Nun erwartete der junge Mane, daß ein fürchterlicher Donnerfluch auf ihn niederginge. Aber der Anderl saß da, zündete sich ein Zigarillo an und sagte gelassen:

„Also du, geahnt hab' ich 's ja die ganze Zeit, aber warum hast du so lange geschwiegen?"

Der junge Schweiger saß klein und blaß vor ihm und stotterte:

„Weil ich Angst g'habt hab', nicht vor dem Gefängnis, sondern – vor dir!"

„Nicht ohne Grund", murmelte Wolfsvater Anderl, holte aus mit seiner noch intakten rechten Hand, und der junge Bursch fand sich unter dem Tisch wieder.

„Urteil ergangen und sofort vollstreckt!" grinste der Anderl, und dann wurde über den Vorfall kein Wort mehr gesprochen.

Anmerkung: Der seinerzeitige „Ausbruch der Wölfe" aus dem Nationalparkgehege Bayrischer Wald ist tatsächlich erfolgt. Der Erzähler aber hat sich die Freiheit genommen, den Vorfall nach eigenem Ermessen zu gestalten und mit dem Spielraum der dichterischen Freiheit auszuschmücken.

Todfeindschaft im Karpatenurwald

Der eine hieß Fedor, der andere Ivan, und sie stammten aus demselben kleinen Karpatendorf am Fuß der Urwaldberge.

Sie beide waren Naturgeschöpfe, vertraut von Kindheit an mit den Geheimnissen der unendlichen Wälder. Und außerdem dicke Freunde – lange, lange. Als das anders wurde, hatten sie die Romantik der Kindheit und Jugend schon hinter sich; wer noch frei und ungebunden durch die Wälder streift, kann nicht hassen.

Als sie reif wurden für eine Aufgabe im Leben, in ihrem Fall das Hüten des Weideviehs auf den Hochflächen der Berge, fingen die Würmer des Neids und der Mißgunst an zu nagen, denn Fedor hatte die größere Herde und auch den respektableren und großzügigeren Viehhalter. Er bekam stets frisches Fladenbrot geliefert, dazu ausreichend Butter und Käse, während Ivan hauptsächlich von der Milch seiner Mutterschafe leben mußte und sich an den dürren, harten Brotkanten fast die Zähne ausbiß.

Warum der Unterschied? War Ivan nicht genauso treu und gewissenhaft wie Fedor? Waren sie nicht beide die gleichen Habenichtse mit den gleichen durchlöcherten Schafsmänteln, den gleichen ausgelatschten Opanken?

Aber noch war die Jugendfreundschaft, die in so vielen unbeschwerten Jahren gewachsen war, nicht verbraucht.

Manchmal lud Fedor Ivan in seine Koliba ein und bewirtete ihn fürstlich. Wenn dem glückseligen Ivan fast der Bauch platzte, griff Fedor dann hinter sich und brachte ein Fläschchen jenes Geistes zum Vorschein, der aus reifen Zwetschken destilliert wird und den Gemütszustand eines Menschen in ungeahnte Höhen erhebt. Sie nuckelten abwechselnd an diesem „Zauberwasser", bis ihnen die Beine schwer wurden und sie eng umschlungen einschliefen.

So vergingen die ersten beiden Weidesommer hoch oben in den Karpaten in Frieden und Einklang.

Dann aber kam der Tag, an dem der Neid des Zukurzgekommenen nicht mehr hintanzuhalten war.

„Schau, was ich hab'", prahlte Fedor in unschuldigem Besitzerstolz und brachte aus einem alten Rupfensack einen länglichen Gegenstand ans Tageslicht. Es war ein Gewehr.

Ivan schluckte, als er es sah; sein Gesicht wurde blaß. Fedor aber riß die Kammer auf, legte eine Patrone ein und grinste:

„Beim nächsten Mal kann ich dich mit einem frischen Rehschlegl willkommen heißen, lieber Freund."

Lieber Freund?

Warum er, warum nicht ich?

Heiß stieg es Ivan in den Kopf. Eiseskälte drang in sein Herz.

Dennoch kam er, nachdem der erste Schuß oben in der Karpateneinsamkeit gefallen war, wieder auf Besuch und biß gierig in das Wildfleisch, das Fedor an der Feuersglut gebraten und mit allerlei Ingredienzen zubereitet hatte.

Es wurde ein großes Fest, und wieder machte ein Fläschchen Feuerwasser die Runde, bis den beiden jungen Burschen die Beine einknickten und sie zu Boden sanken und einschliefen.

Aber nicht mehr „eng umschlungen", wie beim letzten Mal.

Das Gewehr hatte sich zwischen sie geschoben, der kalte Stahl, der Feuer speien konnte und ein Stück Wild mühelos zu Boden warf. Ja, dieser Fedor war ein freier Wildschütz geworden, und er, Ivan, war ein armseliger Schafhirt geblieben.

Warum?

Hatte er nicht genauso zitterfreie Hände, ein genauso scharfes Auge wie Fedor?

Es war soweit, der Neid brach offen aus, die Vorstufe des Hasses.

Hier muß eingeflochten werden, daß jenes Karpatenrevier, in dem unsere Geschichte spielt, damals eine Art Interregnum durchzumachen hatte. Der Pächter der sagenhaften Waidgründe, in dem die Hirschgeweihe Spitzengewichte erreichten und die Bärendecken an die drei Meter herangingen, hatte altersbedingt aufgegeben, und ein neuer Pächter war noch nicht in Sicht.

Die Förster und Jäger streckten die Füße unter den Tisch und machten sich eine gute Zeit. Oben am Berg aber ließen die Schwarzschützen, immer vorhanden und im Karpatenurwald auf der Lauer gelegen, erst vorsichtig, dann immer dreister ihre Büchsen knallen. Die Jagdbehörde war weit weg und hörte absolut nichts.

Das kam Fedor zugute, und aus dem Wildererlehrling wurde allmählich ein perfekter, mit allen Wassern gewaschener Raubschütz. Sein Viehhalter deckte ihn, wo es ging, und ließ die Patronen nicht ausgeh'n, denn er profitierte von Fedors sagenhaftem Auge und seiner Schießkunst; manches Stück Wild verschwand in seinem Keller.

Ivan, der Jugendgespiele Fedors, war schon lange nicht mehr eingeladen worden in die Koliba, die nun zum Wildherernest geworden war. Er hütete brav seine Schafe, und erstmals keimte der Gedanke in ihm auf, Fedors Untaten aufzudecken und ihn – ans Messer zu liefern.

Soweit war es also zwischen den beiden ehemaligen Jugendfreunden gekommen, als sich die Situation schlagartig änderte und ein neuer Pächter das Karpatenrevier übernahm.

Dieser war ein hoher Regierungsbeamter aus Österreich, aber das wäre nicht so tragisch gewesen, hätte nicht sein Jagdfreund, ein Deutscher von adeliger Herkunft und schwachem Geldbeutel, aber unglaublicher Jagdpassion, sofort die Regie übernommen.

Die Förster und Jagdaufseher zogen ihre Füße unter dem Tisch hervor, die Hunde kläfften freudig – Schonzeit war um.

Auch die für die Wilderer.

Die Freischützen in ihre Schranken zu verweisen, sah der Graf aus Deutschland als seine Hauptaufgabe an; sie schien ihm Grundbedingung für einen ordnungsgemäß ablaufenden Jagdbetrieb.

Wer also von den glutäugigen Burschen trieb es besonders arg?

Der Graf wandte sich an den alten Förster, der sein halbes Leben im Karpatenurwald verbracht hatte und Land und Leute kannte wie kein zweiter.

„Lukas, wo sollen wir ansetzen?"

Der alte Haudegen schüttelte den Kopf, er hatte des Grafen Frage mißverstanden.

„Ansetzen nix, ansetzen ist gut auf Bär am Luder, Wilddieb aber ist überall und nirgends."

„Also, was dann?"

Der Förster blinzelte mit seinen wasserblauen Äuglein und strich sich die feuerrote Bartkrause:

„Nehmen in Dienst, das Luder, ist selber kaltgestellt und geht auf ehemalige Kameraden los wie Teufel."

Ah, auch hier also das altbewährte Rezept, dachte der deutsche Graf und lauschte interessiert Lukas' weiteren Ausführungen.

„Oben auf die Hauptkamm hockt Unverschämtester von allen, noch jung, gesund und stark wie Bär, hat alle Voraussetzungen für ausgezeichneten Jäger."

„Und wie heißt der Supermann?"

„Fedor."

Der Graf klopfte dem Lukas auf die Schulter.

„Gut, du übernimmst den Fall, aber wenn 's schief geht, auch die Verantwortung. Waidmannsheil!"

Es ging nicht schief; der gute Fedor warf seinem Viehhalter und Patronenlieferanten den Wildererstutzen vor die Füße und schlüpfte in das brandneue Jägergewand, und das alles ehrlichen Herzens.

Es war abzusehn, daß er ein Guter, ein Scharfer würde. Der deutsche Graf rieb sich die Hände und wandte sich anderen Aufgaben zu, wie der ungefähren Erfassung des Wildbestandes und der Wiederherstellung der verlotterten Reviereinrichtungen.

Fedor war also Jäger geworden.

Und was war Ivan geworden?

Nichts.

Er, der sich nie gegen das Gesetz vergangen, der treu für einen Hungerlohn gedient hatte.

War das gerecht?

Nein, das war es nicht.

Nun dachte Ivan zum erstenmal daran, sich eine Waffe zu beschaffen. Eigentlich nicht, um zu wildern, bloß so, zum Anfassen, zum Zielen und vielleicht als Selbstschutz gegen die Wölfe, die manchmal um seine einsame Koliba heulten und die Schafe beunruhigten.

Schließlich gelang es ihm, einen alten Militärkarabiner zu ergattern; er kostete ihn fast seinen ganzen Jahreslohn. Er ölte und polierte, und die alte Kartaune begann ihm Freude zu machen.

Er zielte und zielte immer wieder, und schließlich schloff eine Patrone in die Kammer. Und eines Tages löste sich ein Schuß, gleichfalls wie von selbst, wie von Zauberhand, und ein Schmalreh schlegelte draußen im Almgras.

Ivan duckte sich, rannte hinaus und barg es.

Er hatte es nicht gewollt, es war einfach gescheh'n – er war ein Wilderer geworden.

In diesem Jahr fielen im erwähnten Karpatenrevier wenig Schüsse, das Jagdpersonal schwitzte beim Anlegen von Pirschsteigen und der Instandsetzung der halbverfallenen Ansitzkanzeln. Der deutsche Graf streifte mit seinen langen Beinen durch die Gegend und notierte gewissenhaft das Wild, das ihm in Anblick kam. Es war wenig. Fedor und Genossen hatten reiche Ernte gehalten.

Und dieser selbst?

Er schwitzte mit und büßte wenigstens einen Teil seiner Untaten durch solide Handarbeit.

Eines Tages kam ihm der Gedanke, seinem alten Jugendfreund Ivan auf seiner abgelegenen Koliba einen Besuch abzustatten. Nicht etwa, um sich in harmloser Eitelkeit als neuer Jäger vorzustellen, nein, nur um in Erinnerung an gemeinsame Hirtenzeiten einen kleinen Plausch zu halten.

Aber statt Ivans rundem Jugendgesicht starrte ihm eine haßerfüllte Fratze entgegen:

„Fort, du Hund, und kehre niemals wieder!"

Dabei sah sich der erschrockene Fedor einem Büchsenlauf gegenüber, der mitten auf seine Brust zielte.

Da wußte er, was die Stunde geschlagen hatte.

Zwei weitere Jahre vergingen im Karpatenrevier, und die ersten Jagdgäste stellten sich ein. Unten, im Jagdhaus, war Hochbetrieb, Büchsen wurden eingeschossen und diplomatische und wirtschaftliche Fäden gezogen. Es ist nie anders gewesen, wo Hochwild seine Fährte zieht, und es wird nie anders sein.

Den prominentesten und wichtigsten Jagdgästen wurde Fedor zugeteilt, dem „ehemals gefährlichsten Raubschützen des Karpatengebirgs", und jedermann fühlte sich, obwohl die Übertreibung zum Greifen war, dieserhalb geehrt.

Und keiner kam zurück ohne „seinen" Hirsch.

Seltsamerweise nahm der geniale Pirschführer nie an einem der jeweiligen „Tottrinken" teil, bei dem die Sektkorken knallten, und verzog sich schon frühzeitig in seine Kammer.

„Was hat er denn?" mochte dann wohl der eine oder andere der Jagdgäste gefragt haben, „der führt einen doch zum Hirsch wie auf Eisenbahnschienen."

Worauf der alte Förster Lukas den Kopf schüttelte:

„Irgendwas liegt auf seiner Seel', irgendwas macht Angst ihm."

Wie recht er hatte!

Der Zweikampf begann.

Wenn die Rinder und Schafe von den Hochlagen getrieben werden und der letzte Hirschenschrei erklingt, müde und kraftlos, beginnt im Karpatenurwald eine totstille Zeit. Die Jagdgäste sind abgereist, die Hütten und Koliben verlassen. Förster und Jäger versammeln sich um den warmen Herd und kurieren ihren Rheumatismus, und die Hunde schliefen unter die Ofenbank und sind tagelang nicht mehr anzusprechen.

Jetzt ist die Zeit des Wilderers.

Bevor Spurschnee kommt, muß er seine Beute eingebracht haben. Das Rehwild ist faul und feist und zieht aus den mittleren Lagen allmählich in die Niederungen bis an den Rand der Obstgärten. Dann, wenn die Novembernebel über die Wiesen zieh'n, fällt eines Abends ein Schuß. Ein vorsichtiges Sichern, ein Sprung hinaus, und eine gebückte Gestalt, die Beute auf dem Rücken, verschwindet in einem der Häuser. Dann geht die Stille wieder um, und es ist so, als wäre nichts gescheh'n.

Halt, da klagt drüben in der Buchendickung ein Hase kurz auf.

„Hat Zeit bis morgen", murmelt der Wilderer und macht sich an das Zerwirken des Rehs.

Eine dieser dunklen Gestalten, die den Karpatenwald verunsicherten, war der Schafhirt Ivan geworden, der ehemalige Jugendfreund des Jägers Fedor.

Wußte es dieser?

Ja, er wußte es. Aber solange Ivan vom Rande nahm, sich mit Niederwild begnügte und das Herz des Reviers in Ruhe ließ, wollte er ihn in Frieden lassen. Er hatte keinen Haß auf Ivan – noch nicht...

Eines Tages war der deutsche Graf wieder im Land, und sein unruhiges Jägerherz trieb ihn durchs stumm gewordene Revier, um irgendwo vielleicht einem Bären zu begegnen, dem König des Karpatenurwalds. Hochnäsig und von sich eingenommen, wie er war, lehnte der Graf die Jagd am Luderplatz ab; auch hatte er seltsamerweise Mitleid mit den alten Gäulen, die mit ihren letzten Kräften den Ziehweg hinaufjapsten, sich voll Freude auf das welke Gräslein der kleinen Wiese stürzten und alsodann erschossen wurden.

Aber solange er auch mit seinen langen Ständern durchs Revier pirschte, sogar eisigkalte Nächte im Freien verbrachte – er traf auf keinen Bären.

Fedor hatte diesem Treiben schmunzelnd zugeseh'n, und eines Tages führte er ihn zu einem alten Obstbaum, deutete an demselben hinauf und sagte:

„Dort oben auf Hochsitzleiter ist einzige Platz, wo Herr Graf haben Aussicht, Bären zu töten. Kommt nämlich um Äpfel, das Leckermaul, und gefrorene Äpfel sind Leibspeise von Medvidj." – Und nach einer Weile fügte er hinzu: „Aber ist vielleicht gar nicht da, ist auf Südseite von Gebirgsrücken, aber wenn da ist – bumm, liegt im Feuer."

Trotz dieser nicht allzu erfreulichen Aussichten kletterte der Graf auf den Apfelbaum, warf sich drei Wolldecken über die Knie und harrte der Ereignisse, während sich der Jäger genüßlich ein Pfeifchen anzündete und davontrollte.

Der Bär aber kam und kam nicht; offenbar hatte er doch die sonnigere Seite des Gebirgsstocks vorgezogen.

Aber etwas anderes nahm die Aufmerksamkeit des Grafen in Anspruch, das ein Waidmannsherz in Wallung versetzte: Ein Reh trat aus dem Bestand und näherte sich vorsichtig den gefrorenen Äpfeln, die eigentlich als Lockspeise für den Karpatenbären gedacht waren.

Je näher das Reh kam, desto größer wurde es, zuletzt war es ein gar mächtiger Brocken Rehbock mit einem Gehörn, wie es der Graf aus Germany noch nie gesehen hatte: dunkel, dick und reich geperlt die Stangen, hell leuchteten die Enden und weit, weit über die Lauscher hinausreichend.

Dem Grafen blieb das Herz stehen – der Bock seines Lebens!

Er zog die Büchse an die Schulter, seine Hände zitterten, wurden ruhig, der Finger ging zum Abzug.

Da krachte ein Schuß vom Dorf her. Den Bock warf es auf die Seite, er schlegelte kurz – dann war alles vorbei.

Der Jäger war wie vom Donner gerührt. Und noch unterm Abbaumen vom alten Apfelveteranen, sah er draußen einen Kerl heranspringen, der sich den mächtigen Wildkörper über die Schulter warf und mit langen Schritten davoneilte, bis ihn Dämmerung und Bodennebel verschlangen.

„Halt!" rief der Graf mit überschlagender Stimme, „halt!" Und dann völlig außer sich:

„Hilfe, Hilfe, ja kommt denn niemand und fängt den Kerl! Ach, mein Lebensbock, mein Lebensbock, dahin... dahin..."

Tatsächlich war der Graf bei der letzten Sprosse der Hochstandleiter durchgebrochen und hatte sich böse den Fuß verstaucht, so daß an eine Verfolgung des Wilderers nicht zu denken war.

Dieser völlig mißglückte Ansitz auf dem alten Apfelbaum hatte seine Folgen. Im Jagdhaus wurde Jäger Fedor zum Rapport bestellt.

„Gibt es hier noch Wilddiebe?"

„Wenige, nur noch ganz wenige."

„Einer der wenigen hat mir heute einen Prachtbock vor der Nase weggeschossen."

Fedor horchte auf.

„Kann nicht sein, geht bloß auf Fleisch."

Der Graf scharf: „Woher weißt du das?"

Fedor kratzte sich verlegen den Kopf: „Geh'n alle auf Fleisch, haben Hunger, die armen Teufel."

Der Graf nahm ihn ins Visier: „Und du hast Mitleid, nicht wahr?"

Fedor mit leiser Stimme: „Mensch mit Herz hat Mitleid."

Der Graf hierauf: „Gut, sollst du haben, dein Mitleid. Aber morgen liegt das Rehgehörn auf meinem Tisch, das Fleisch kann der Saukerl behalten. Abtreten!"

Fedor zögert. Der Graf sah ihm fest in die Augen: „Gute Jäger gibt es hierzulande genug, und der mir meinen Lebensbock weggeputzt hat, ist sicher keiner der schlechtesten und läßt sich genauso schnell ‚umdreh'n' wie du! Ich bitte, das zu bedenken!"

Da schlich Fedor hinaus und wußte, wo er hinzugeh'n hatte.

Ivan wohnte bei seinen Eltern in einem kleinen Häuschen am Rand des Dorfes. Über den Winter machte er sich in der Werkstatt des Vaters nützlich, der Legschindeln herstellte und samt seiner Familie mehr schlecht als recht davon leben konnte. Seit Ivan, der Älteste der drei Kinder, neben seinem Hirtenberuf eine neue Erwerbsquelle erschlossen hatte, ging es der Familie etwas besser.

Es war Fleisch im Haus.

Aber es war auch die Angst im Haus, denn Förster Lukas machte mit den Wilderern nicht viel Federlesen, und noch weniger der neue Aufsichtsjäger Fedor.

Als dieser eines Tages an die Tür klopfte, sackte dem alten Schindelmacher das Herz in die Hose, und sein Weib schickte ein inbrünstiges Gebet gen Himmel.

Es mußte gewirkt haben, denn der Jäger hockte sich an den Stubentisch, und nicht etwa mit grimmiger Miene, sondern durchaus freundlich.

„Wo ist Ivan?"

Alsobald saß ihm dieser gegenüber, und die Alten verdrückten sich in die Werkstatt.

Lange, lange sahen sie einander an, ohne ein Wort zu wechseln.

Dann sagte Fedor: „Gestern hast du Glück gehabt. Wenn sich der deutsche Graf nicht den Fuß verstaucht hätte, würdest du jetzt in der Arrestzelle hocken. Aber nicht so, wie du jetzt vor mir sitzt, der lange Kerl schlägt einen harten Haken, und Förster Lukas, wie ich ihn kenne, hätte das Seinige getan."

Ivan rutschte unruhig auf der Bank umher, und Fedor fuhr fort:

„Der Graf will das Gehörn haben."

„Welches Gehörn?"

Fedors Stimme wurde lauter: „Du weißt schon, welches."

Ivan, verstockt: „Ich weiß nichts."

Fedor sprang auf und packte Ivan am Kragen:

„So darfst du mir nicht kommen, alter Freund! Längst wärst du hinter Schloß und Riegel, wenn ich gewollt hätte. Aber ich habe die Koliba oben am Berg noch nicht gänzlich vergessen."

Ivan, mit gesenkten Augen: „Ich auch nicht."

Fedor brüllte:

„Doch, du hast, du hast, und jetzt rückst du das Gehörn heraus, sonst hat dein letztes Stündlein geschlagen."

Fedor war größer und kräftiger als sein Jugendgespiele Ivan, aber dieser war flink, und ihn plagten keinerlei Skrupel. Vorbei war vorbei, und jetzt waren sie unerbittliche Feinde geworden.

Mit einem Ruck befreite er sich aus Fedors Fäusten und stand da, lauernd, sprungbereit, und die Hand zuckte zum Jagdnicker.

Da machte Fedor, der Jäger, noch einen letzten Versuch:

„Ivan, gib mir das Gehörn, ich bitte dich darum! Ich bitte dich auf den Knien! Der Graf ist ein harter Mann, ich werde entlassen."

Das hätte er nicht sagen dürfen. Als Ivan das Wort „entlassen" hörte, ging sein Gesicht in die Breite, und nun hätte er das Rehgehörn auch nicht mehr herausgerückt, selbst wenn man ihn gestreckt und geviertelt hätte.

„Dann eben mit Gewalt!" schrie Jäger Fedor und machte sich mit wildem Blick und unter fürchterlichem Fluchen an das Durchsuchen des Gehöfts. Er kehrte alles von oben nach unten – den Keller, den Dachboden, die Betten; er schlitzte das alte Sofa auf und schließlich, in der Holzlege, fand er, an einem Fleischerhaken hängend, den Rehbock, ausgewaidet – und ohne Haupt.

Ivan stand dabei und grinste: „Wirst also gefeuert, das ist gut, das ist sogar sehr gut!"

Als Fedor von dannen ging, war er im Innern wie tot; alles was da noch lebte aus früheren, sorgenlosen Jugendzeiten war erloschen wie durch einen Wasserguß, der in ein Lagerfeuer platscht. Es rauchte noch ein wenig, dann war Grabesdüsternis. Und nun jagte auch bei ihm der schreckliche, unbezähmbare Haß in die Höhe wie ein Flammenschwert.

Als er mit leerem Rucksack heimkam ins Jagdhaus, voller Sorge um seine Zukunft, hatte der deutsche Graf sich beruhigt; er war ein hitziger, jähzorniger Charakter, aber im Grund seines Herzens ein gerechter, mitfühlender Mensch. Und Förster Lukas hatte wesentlich dazu beigetragen, daß von einer Entlassung des Jägers nicht mehr die Rede war.

„Er hängt noch an irgend etwas mit eine ganz kleine Zipfel", wandte er sich an den Grafen, „wenn er sich endlich hat davon losgerissen, wird sprechen die Büchse, und dann ist Ruhe im Revier."

Fedor hatte sich losgerissen, und wehe dem Wilderer Ivan, wo und wann er ihm auch begegnete...

Der Winter zog ein in die Karpatenberge, nahm fort, was schwach war, nach ehernen, unerbittlichen Gesetzen. Alles Wild suchte die sonnenseitigen Hänge auf, um sich tagsüber an einem stillen Plätzchen Decke und Fell zu wärmen. Das Rotwild steckte in den Windbrüchen und Schlägen, die riesige Hänge bedeckten, deren Unterwuchs als Deckung und Äsung diente. Hier, in dem wirren Gerank aus Himbeeren und Brombeeren, stand die Wiege der künftigen Urhirsche, die ihresgleichen in der Welt suchten.

Manchmal zog ein Bär durch die tiefverschneiten Wälder, ein starker Keiler pflügte durch den Schnee, und des Nachts sangen die Wölfe ihre schauerliche Urwaldmelodie.

Dann kam der Frühling, und dann kam der Sommer, und auf den Almen bimmelten wieder die Schafe und das Weidevieh.

Ivan bezog seine Koliba, aber er war klug genug, seinen Stutzen an anderem Ort zu deponieren. Es schien ihm nämlich, als wäre Fedor, der Jäger, mehr als üblich unterwegs und umkreiste Hütte und Schafpferch wie ein hungriger Wolf.

In diesem Sommer schoß Ivan nur ein einziges Stück Rehwild, und das in einer Zeit, in der die Luft absolut rein war, denn Fedor hielt Totenwache am Bett seiner Mutter.

Das Jahr zog über den Berg, und nichts ereignete sich weiter. Der deutsche Graf hockte wieder im alten Apfelbaum und harrte auf ein unerwartetes Waidmannsheil, aber kein Lebensbock erschien mehr auf der nebeligen Wiese, und auch kein Bär.

Aber immerhin hatte der Jagdherr in der Brunft einen Kapitalhirsch gestreckt, und auch seine Gäste konnten mit beachtlichen Trophäen nach Hause reisen.

Fedor wurde zum „Oberjäger" ernannt, denn jedermann war über diesen einmaligen Pirschführer des Lobes voll.

Und wieder rollte ein Jahr übers Gebirg.

Ivan war leichtsinnig geworden und holte mitten am Tag, direkt vor der Koliba, einen Spießbock von den Läufen. Aber als er sich bückte, das Wild aufzubrechen, tauchte am Waldrand Fedor, der Jäger, auf.

„Halt, du Hund!" scholl es zu ihm herüber, und eine Sicherung klickte.

Ivan warf sich zu Boden, den Spießbock als Deckung, und brachte sein Gewehr in Anschlag:

„Verschwind, Hundesohn, sonst jag' ich dir eine Kugel in die Rippen!"

Da krachte ein Schuß. Ivan spürte einen Schlag am Ellenbogen, und die Büchse kollerte ihm aus der Hand.

Fedor stand vor ihm, nahm das Gewehr in Gewahrsam und sagte kalt:

„Diesmal der Arm, nächstes Mal der Kopf!"

Und er lud sich den Spießbock auf die Schulter und schritt davon. Ivan aber war invalid geworden; sein rechter Arm blieb steif, aber immerhin taugte er noch als Schaf- und Rinderhirt. Aber taugte er noch als Wildschütz?

Er taugte noch.

Das mußte, Jahre später, Fedor, der Jäger, erfahren, als ihm ein unerwarteter Schuß aus dem Hinterhalt das Kniegelenk zerschmetterte und es höhnisch vom Waldrand herübertönte:

„Diesmal das Knie, nächstes Mal der Kopf!"

Nun war auch Fedor invalid geworden und trug ein steifes Bein davon, aber er übte weiter seinen Dienst aus – eifriger, verbissener noch als bisher.

Und so pirschten sie, schlichen sie durchs Gebirg, Jäger und Wilddieb, ohne Rast und Ruh, der letzten, der tödlichen Auseinandersetzung entgegen.

Jahre vergingen, viele Jahre. Im Karpatenrevier tauchte ein neuer Pächter auf, und der deutsche Graf mit seinen langen Beinen und seiner unstillbaren Jagdpassion wurde nicht mehr gebraucht. Förster Lukas war in Pension gegangen und hatte keinen Einfluß mehr auf den Jagdbetrieb. Jüngere kamen zum Zug, gesunde, passionierte Burschen, die in den kleinen Karpatendörfern nachgewachsen waren. Und so mußte „Oberjäger" Fedor eines Tages erleben, daß ihm der Ruhestand, wohlverdient und nicht wegen seines Gebrechens, nahegelegt wurde.

Nun frohlockte Ivan oben in seiner Koliba, aber dann tauchte eines Tages ein junger, frischer Kerl vor seiner Hütte auf und setzte seinen Rucksack ab, und Ivan wußte, woran er war.

Den getreuen, geliebten Wildererstutzen unterm Schafmantel zog er traurig zu Tal.

Das letzte große Duell, dem beide entgegengefiebert hatten, Jäger und Wilderer, war nicht ausgetragen worden.

Und nun begann das kleine Duell, nicht minder unerbittlich.

Beide waren nun Mitte der Sechzig, und zu den defekten Gliedmaßen kamen jetzt langsam die üblichen Altersbeschwerden. Menschen, die die meiste Zeit ihres Lebens im Freien verbracht haben, bei jedem Wetter und in den unzulänglichsten Behausungen, werden von Krankheiten des Knochengerüsts und Wirbelapparates bevorzugt heimgesucht.

Damit auch hiernieden schon eine Art Gerechtigkeit herrsche, bedachte der himmlische Vater den guten Fedor mit Rheumatismus, den Ivan mit Ischias.

Nun konnten sie sich kaum mehr vorstellen, daß sie einst wie die Gemsen in den Bergen umhergehüpft waren, denn sie bedurften schon zur ebenerdigen Fortbewegung einer Gehhilfe in Form eines klobigen Stocks, Ivans aus Weichselholz, Fedors aus Haselnuß.

Wenn sie einander begegneten, schwangen sie diese Stöcke betont lässig, als würden sie ihrer nicht bedürfen, aber sie unterließen es, sich damit zu bedrohen oder gar aufeinander zu zielen – dazu waren sie noch nicht senil genug.

Wenn sie in der kleinen Dorfschenke aufeinandertrafen, nahm jeder eine eigene Ecke für sich in Anspruch und warf düstere Blicke hinüber zum andern, und kein noch so großer Rausch hätte sie dazu bewegt, sich zuzuprosten und die alte Feindschaft zu begraben. Im Gegenteil: Die Fäuste ballten sich, und nur noch der Wirt konnte verhindern, daß sie aufsprangen und ihre Krückstöcke schwangen „zum letzten Gefecht".

Die Feindschaft der beiden alten Krauter war zum Dorfgespött geworden, das allmählich jung und alt belustigte.

Als die Mobilität der alten Knaben nicht mehr reichte, um sich in der Kneipe drohend und augenrollend gegenüberzusitzen, ergab sich für Fedor die Gelegenheit, auf seine alten Tage ein eigenes Haus samt einem kleinen Garten zu erwerben.

Und wo lag wohl das kleine Anwesen, aus dem die Vorbesitzer herausgestorben waren? In Ivans Nachbarschaft!

Verflucht und dreimal verflucht – jetzt sitzt mir der Kerl im Nacken!

Die ersten Scharmützel ließen nicht lange auf sich warten. Ein Obstbaumast, der über die Grenze ragte und Schatten warf auf das Salatbeet, eine Dachrinne, die ihr Wasser nahe des Holzstoßes ergoß und diesen ungebührlich bespritzte, ein Maulwurf, der, jenseits mit Rauchpatronen vertrieben, nun diesseits seine Hügel aufwarf, und sogar der kleine Pulk der Spatzen, die das Hühnerfutter völlig ungerecht zehnteten, ließen die Zornesadern schwellen. Wilde Flüche stiegen gen Himmel, und aus einst friedlicher Nachbarschaft wurde Feindesland.

Fedor war Junggeselle geblieben. Ivan hatte in den Pausen, die ihm Hirtenberuf und Wildern ließen, drei Kinder gezeugt, aber sie waren längst alle aus dem Haus. Ivans Frau, ein stiller, warmherziger Mensch, starb an einer harmlosen Blinddarmentzündung, die zu spät erkannt und behandelt worden war. Sie wäre der ruhende Pol gewesen, vor dem die beiden stupiden, borniertierten sogenannten „Herren der Schöpfung" schließlich wohl die Waffen gestreckt hätten.

Jetzt aber waren sie allein, hockten in der Stube, gelangweilt, nur noch mit sich selbst beschäftigt, und dachten sich immer neue Finten und Schikanen aus, den Nachbarn zu ärgern und womöglich bis zur Weißglut zu reizen.

Aber der Lauf der Welt ging an ihnen vorüber und nahm sie nicht mehr zur Kenntnis.

Im alten Jagdland Rumänien hatten königliche und republikanische Herrschaft einander abgelöst, Kriege und Notzeiten waren über das Land hinweggezogen. Zuletzt schwang ein unerbittlicher Diktator seine Peitsche, und jedermann mußte den Rücken krümmen. Der Karpatenwald aber, der tiefe, unermeßliche, von Sagen und Märchen umwoben, rauschte noch immer.

Und noch immer hockten einander im kleinen, vergessenen Karpatendorf jene zwei Individuen gegenüber, die man fast nicht mehr zur Gattung „Mensch" rechnen konnte.

Sie waren ungepflegt, verwildert, beide. Sie wuschen sich kaum mehr, ließen die grauen Haare wachsen, wohin sie wollten. Bärte, ja wilde Besen sprossen aus Wangen und Kinn, und die roten Knopfnasen, schnapsgefüttert, leuchteten aus den bleichen, eingefallenen Gesichtern.

Längst waren sie nicht mehr fähig, sich in einem Tobsuchtsanfall mit der Schrotflinte gegenseitig umzupusten. Nun warteten sie darauf, daß einer von ihnen auf natürliche Art das Handtuch werfe.

Kindische Freude durchbibberte sie, wenn der Nachbar mit fürchterlichem Schneuzen und Nießen kundtat, daß ihn eine hartnäckige Influenza erwischt hatte; äußerste Genugtuung, ja Dankbarkeit empfanden sie, wenn für ein oder zwei Wochen Stille war im Nachbarhaus. Nun, so dachten sie, hat der Gevatter endlich an die Tür geklopft.

Einmal, als Fedor sich nun schon gut drei Wochen nicht mehr vor der Haustür zeigte, konnte Ivan nicht mehr hintanhalten und betrat Fedors Haus, was bisher noch nie geschehen war.

Dieser lag in seinem Bett und rührte sich nicht. Eine spitze, weiße Nase ragte über das dreckige, verschmierte Linnen, er schien tatsächlich dahingeschieden zu sein.

„Endlich verreckt!" grölte Ivan mit großer, reiner Freude im Herzen.

Aber da sprang der „Tote" plötzlich aus dem Bett und krächzte mit sich überschlagender Stimme:

„Hast du dir gedacht, du Hundsfott! Dich überleb' ich um Jahre, um Jahre! Und jetzt hinaus, und laß dich hier nie wieder blicken!"

Dieser grobe Scherz aber hatte den alten Fedor erhebliche Kraft gekostet, und er wurde tatsächlich bettlägrig. Nur mit Hilfe seiner Schwester, die ihm ab und zu ein Süppchen kochte und die Bettwäsche wechselte, kam er wieder einigermaßen auf die wackeligen Beine.

Unterdessen aber hatte es offensichtlich den Nachbarn Ivan erwischt: drei, ja vier Wochen kein Lebenszeichen mehr von ihm.

„Endlich krepiert!" murmelte Fedor und vermeinte, süßlicher Leichengeruch kitzle seine Nase. Er rieb sich die Hände. „Hurra, er ist abgefahren!"

Aber er freute sich zu früh. Als er den Kopf durch die Tür steckte, sah er Ivan auf dem Bett liegen, aber keineswegs tot. Er atmete noch.

Fedor setzte sich auf die Bettkante und betrachtete seinen Erzfeind, den soeben ein Fieberanfall durchrüttelte, mit Wohlgefallen. Ivans Gesicht war gerötet, dicke Schweißperlen standen auf seiner Stirn, und der Atem ging stoßweise.

„Ivan", flüsterte Fedor mit süßer Stimme, „erkennst du mich? Ich bin dein guter, lieber Nachbar und..."

Ein Fluch unterbrach die zynische Rede, und der Todkranke griff mit zittrigen Händen unter die Bettdecke, wo er den alten Wildererstutzen liegen hatte, offenbar vorgeseh'n als zunftgerechte Grabbeigabe. Aber er war zu schwach, die Waffe in Anschlag zu bringen.

Fedor weidete sich an der Ohnmacht seines Gegners und gab, hämisch grinsend, einen Witz zum besten, der seit einiger Zeit im Dorf die Runde machte:

„Zwei alte verfeindete Wilderer begegnen sich im Wald. ‚Hab' ich dich endlich!' schreit der eine, ‚Nicht du mich, ich dich!' plärrt der andere, und sie führen einander ab. Der Polizeichef schubst sie in die Zelle. ‚Brav, brav, ihr beiden', sagt er, ‚besser gemeinsam hinter Gittern als gegenseitig totgeschossen.'"

Fedor mußte über seinen eigenen Witz furchtbar lachen, und auch über Ivans eingefallenes Gesicht zuckte ein leichtes Schmunzeln.

Mittlerweile hatte Fedor auf dem Nachtkästchen eine Karaffe mit Wasser entdeckt, indes sich der Kranke die trokkenen Lippen leckte, aber nicht mehr in der Lage war, das Gefäß zu erreichen.

129

Fedor zögerte. Sollte er ihm die ersehnte Atzung gewähren, die vielleicht seine letzte war? Warum eigentlich nicht? Der Kerl hört ja doch schon die Engel singen...

Er führte ihm das Glas zum Mund, und Ivan nickte dankbar. Das hatte ihn erhebliche Überwindung gekostet, aber Fedor war mürbe geworden, die Festung des Hasses fing langsam an zu bröckeln.

Fedor wurde es unbehaglich.

Ist der Kerl so hinterhältig, daß er sein letztes Stündlein nutzt, um mich endlich in die Knie zu zwingen?

Was geschähe, säße Ivan an meinem Sterbelager?

Fedor war hin- und hergerissen zwischen Glauben und Zweifel, Haß und Erbarmen. Dann aber kam alles wie von selbst, brach über die beiden herein wie ein Frühjahrssturm, der über die Berge jagt und Schnee und Eis zum Schmelzen bringt.

Ivans Gesicht hatte sich verändert. Die noch vor kurzem haßerfüllten Augen leuchteten in einem milden Glanz. Seine Hand griff langsam hinüber zum Bettrand und strich rasch über die Fedors, die erst zurückzuckte, sich dann aber zögernd unter die seine schob.

Fedor schüttelte das Kopfkissen auf, das der Kranke plattgelegen hatte, wischte ihm den Schweiß von der Stirn, heizte den Ofen ein und ging daran, ein wärmendes Süppchen zu kochen.

Ja, hat mich denn der Teufel geritten? mochte er dabei wohl gedacht haben, aber als dann der halbtote Ivan löffelte und löffelte und schließlich sogar schmatzte, ging ein gar seltsames Glücksgefühl durch sein Herz. Die Kindheit, die Jugend standen vor ihm auf, Ivan mit seinem schwarzen Lockenkopf, der Hund „Bingo", den sie beide geliebt hatten, die Tauben, die Eichkatzen, das zahme Rehkitz, die Blumenwiese und der unendliche Nachthimmel, an dem sie die Sterne zählten.

Ein Wunder war gescheh'n.

„Du kommst doch wieder?" fragte Ivan, als Fedor sich verabschiedete.

„Mit dem Doktor oder mit dem Pfarrer?" grinste dieser.

Ivan warf ihm das Kopfkissen nach und krächzte: „Nein – du genügst mir!"

Dank Fedors aufopferungsvoller Pflege kam Ivan wieder auf die Beine, und eines Tages war er kräftig genug, seinem wiedergewonnenen Jugendfreund einen Besuch zu machen.

Alles war nun anders geworden, die Gartentür stand offen, die Maulwürfe gruben, wo sie wollten, die Hühner scharrten diesseits und jenseits der Grenze, und die Spatzen feierten ein allumfassendes Friedensfest.

Ivan hatte seinen alten Wildererrucksack auf dem krumm gewordenen Rücken, in dem sich eine Flasche jenes süßen Pflaumenschnapses befand, der sie schon einmal hatte selig werden lassen.

Fedor knallte zwei Gläser auf den Tisch. Sie ohne zu zittern zum Mund zu führen, gelang ihnen nicht.

„Ach was", sagte Ivan, „wir saufen aus der Flasche!"

Es war wie damals oben in der Koliba, im einsamen Karpatengebirg', und schließlich fielen sie gemeinsam unter den Tisch, eng umschlungen, wie in alter, seliger Zeit.

Zuvor aber hatte Ivan noch in seinen Rucksack gegriffen und die unglaubliche Rehkrone von damals, vom „Lebensbock" des deutschen Grafen, auf den Tisch gelegt.

„Die schenk' ich dir, Fedor! Nimm sie mit ins Jenseits, und freu dich d'ran. Übrigens, Fedor, weißt du, warum wir beide so alt, so abscheulich alt geworden sind? Der Haß war es, die Feindschaft, die haben uns so alt werden lassen. Jetzt ist das vorbei, und du wirst seh'n, wir werden bald sterben."

Ivans düstere Vorausschau hat sich bewahrheitet; zwei Wochen später waren sie alle beide tot.

Ob der kurze Frieden am Ende des Lebens gereicht hatte, in die oberen Regionen Nirwanas oder gar in die ewigen Jagdgründe einzuzieh'n, um mit lustigem Büchsenknall gemeinsam zu waidwerken?

Das weiß niemand.

Der letzte Wilderer vom Schwarzenberg

Ein Stammtischabend im Gasthaus „Zum Jägerwirt" irgendwo an der bayrisch-österreichischen Grenze.

Beteiligte Personen: Thomas Hermannsgadner, Forstmeister, 34 Jahre alt, sportlich-moderner Typ, unbeweibt.

Jakl Billinger, Möbelschreiner, Spezialist für die Restaurierung alter Bauernschränke, Felskletterer und Eisgeher, 32 Jahre alt, jung verehelicht.

Sepp Loidl, Holzknecht bzw. Haumeister, 46 Jahre alt, verheiratet, drei Kinder.

Hannes Kroißer, Berufsjäger und Schützenmeister, 38 Jahre alt, verlobt, drei Kinder.

Michael von Deppe, Student im Fachbereich „Unentschieden", Jungjäger, Schilangläufer, 23 Jahre alt, ledig.

Allesamt waren sie sogenannte „wuide Hund" und zu jeder Schandtat bereit, besonders wenn die Mirl, die bediente, die dritte Maß anschleppte.

Da waren schon Radlrennen „nur auf den Felgen" geboren worden, Barfußwanderungen über das Eis des Königssees, Abwärtsklettern mit dem Kopf nach unten an der „Steinernen Agnes" im Lattengebirge und vieler Unsinn mehr.

Und heute hatte der Forstmeister Hermannsgadner eine ganz besonders verrückte Idee ausgebrütet:

„Wie wär's Kameraden, wenn einer von uns für a halb's Jahr von dieser Welt verschwinden würde? Einfach nicht mehr da sein, einfach abgemeldet, ohne jeden Kontakt mit der Außenwelt. Aber nicht mittels einer Forschungsreise in die Mongolei, sondern indem er jetzt vom Stuhl aufsteht und sich erst, sag'n ma, am 23. Dezember, einen Tag vor dem Heiligen Abend, wieder darauf niedersetzt. Als

Aufenthalt biet' ich ihm den Schwarzenberg und Umgebung an, das urigste, einsamste Gelände, das es bei uns noch gibt und das nicht einmal die alten Holzknecht' genau kennen. Mitnehmen darf er bloß das, was er im Rucksack tragen kann, und alle zwei Monat' wirft ihm ein Hubschrauber an der Schwarzenbergalm einen Proviantsack ab.

Also, wer packts?"

Allgemeines Schweigen.

Schließlich der Loidl Sepp:

„Wenn ich auch möcht', ein halbes Jahr läßt mich meine Alte nicht weg."

Dem schließt sich der Kroißer Hannes an: „Mein Künftige auch net!"

Dasselbe hört man vom Möbelschreiner Billinger und schließlich auch vom Initiator Hermannsgadner selbst, und zwar „aus Berufsgründen".

Blieb also bloß der Studiosus „Unentschieden" von Deppe übrig.

Der hatte Zeit.

Hatte er aber auch Mut?

Er hatte ihn

War er auch „narrisch" genug?

Er war es.

„Gut, daß ich im vorigen Herbst noch meine Jägerprüfung g'macht hab'."

Der Forstmeister horcht auf: „Was heißt das?"

„Ein frisches Stückl Wildfleisch wird mir ja wohl vergönnt sein..."

„Untersteh dich, da kenn ich keinen Pardon!"

Hierauf der Holzknecht Loidl Sepp:

„Soll er's halt dem Grimminger Dori abkaufen, der ist noch fleißig beim Zeug!"

Der Berufsjäger Kroißer Hannes knurrend:

„Nimmer lang, nimmer lang..."

Und so startete der Student im Fachbereich „Unentschieden", Michael von Deppe, zu seinem „großen Abenteuer" hauptsächlich mit zweierlei Sorgen: Würde er die Einsamkeit seelisch verkraften, und würde ihn der Grimminger Dori, der „letzte Wilderer vom Schwarzenberg", auch ausreichend mit Frischfleisch versorgen?

Nun, es wird sich erweisen...

Als der alte von Deppe, seinerzeit Bataillonskommandeur bei den Gebirgstruppen, vom geplanten Coup seines einzigen Sprößlings erfuhr, hieb er sich auf den verbliebenen Oberschenkel (der andere war ihm vor Woronesch abhanden gekommen) und brüllte:

„Wenn du die Sache nicht machst, mach' ich sie!"

Damit hatte der jüngste Sproß des alten Geschlechts Generalerlaubnis für den „größten Blödsinn in der Familiengeschichte".

Die Vorbereitungen waren kurz, der Rucksack ein gewaltiger, hinzu kamen noch ein Schlafsack und ein Bergsteigerzelt sowie ein Leitfaden in Überlebenstechnik und eine Revierkarte.

Dann zog der junge Bursch, von seinen Spezln Deppe-Michl geheißen, in die riesigen, todeinsamen Wälder rings um den sagenumwobenen, wildererverseuchten Schwarzenberg.

Wahrlich ein Abenteuer.

Zuerst aber eine Quartierfrage.

Die Schwarzenbergalm im Kern des Waldgebietes war schon vor mehr als zwei Jahrzehnten wegen ihrer Abgeschiedenheit aufgegeben, ihre fünf Kaser (Hütten) dem Verfall und der Fäulnis überlassen worden, und trotz gleicher Bedingungen waren sie in verschiedener Intensität in den Kreislauf der Natur zurückgekehrt. Einige schnell und ohne Widerstand, die andern widerstrebend, und eine äußerst hartnäckig.

Das war die ausschließlich mit lärchenen Schindeln gedeckte.

Für diese interessierte sich der junge Michl besonders. Wir wollen uns Einzelheiten ersparen. Jedenfalls: nach gut einer Woche intensiven Werkens war der Schlafraum mit dem Kreister, in dem eine blutjunge, möglicherweise aber auch steinalte Sennerin ihre müden Glieder zum Schlafe ausgestreckt hatte, vor Nässeeinbruch gesichert, das Lager mit frischen Fichtenzweigerln gut aufgepolstert und das alte irdene Potschamperl (Nachthaferl) als zukünftige Blumenvase dem Hausstand zugeführt.

Dann kam der Herd an die Reihe. Der war in miserablem Zustand. Aber in den anderen vier verfallenen Hütten befanden sich noch Herdruinen, von denen der eine oder andere Teil zu verwenden war, und so erlebte auch Michls verrosteter „Wamsler" seine Wiederauferstehung.

Das Eröffnungsmahl war ein original Holzhackerschmarrn.

Gut gelungen, gut gelungen.

Nun hatte der Michl bereits so eine Art Haus und konnte leichten Herzens auf das enge Bergsteigerzelt verzichten.

Und auch auf den Gaskocher.

Wie lange hatte sich der Holzstapel vor der Hütte, sonnenbeschienen, doch gehalten! Wußte er, daß eines Tages jemand kommen würde, die Scheite zu spalten und dankbar und andächtig in den Ofen zu schieben?

Und wußte der lärchene Brunntrog, daß nach Jahr und Tag jemand sein Teewasser von ihm schöpfen würde?

Nein, sie wußten es nicht, aber nun war es gescheh'n, und es war gut so.

Nun waren schon über drei Wochen vergangen, und es hatte sich nichts Wesentliches ereignet, ja, eigentlich überhaupt nichts.

Doch – ein Mensch hatte ein Dach über dem Kopf zu seinem Schutz und einen Ofen für sein Wohlbefinden.
Aber allmählich wurde es ein bissl langweilig.
Gewiß, in einer Woche war der erste Verpflegungsabwurf zu erwarten, aber wo blieb der „letzte Wilderer vom Schwarzenberg" mit dem frischen Wildfleisch?
Weit und breit nichts zu seh'n.
Einmal hatte einer auf dem Hochsitz am „Blitzbaum" gehockt, unverkennbar der Revierjäger Kroißer Hannes, und hatte mit einem riesigen Jagdglas umhergespäht – ganz offensichtlich nicht nach Wild, sondern nach ihm, nach dem Michl, der nun irgendwo im wilden Waldgelände den Wahnwitz einer Stammtischrunde abzubüßen hatte.
„Arschloch", brummte derselbe Michl und zerkaute eine Speckschwarte zwischen den Zähnen.
Er hatte sich nämlich einen nicht allzuhohen, unauffälligen Beobachtungsturm gebaut, vom Innern der Hütte zu besteigen. Von da aus übersah er die ganze verwilderte Alm, aber auch die Platzerl, wo sich das Rotwild zwischen Disteln und Brennesseln seine eigenen kleinen Äsungsgärtlein angelegt hatte. Schon mehrmals hatte er, wenn der Abendnebel über die Almfläche kroch, guten Anblick gehabt.
Aber warum kam denn der Wilderer nicht, der Frischfleischlieferant?
Hatte er den Herdrauch geschmeckt, der aus den Schindeln kroch? Oder den Jäger Kroißer Hannes auf seinem „Blitzbaum" gesichtet?
Dann, eines Tages, Hubschraubergeräusch über der Alm!
Ein weißer Kunststoffsack fiel herunter. Grüße vom Stammtisch. Überanstrengt hatten sie sich nicht, aber es reichte für die nächsten acht Wochen.
Er reichte leicht, denn der Michl bereitete sein „Holzermuas" nun in allen Variationen zu, mit Äpfeln, Kartoffeln, sogar Walderdbeeren und neuerdings – mit Steinpilzen.

Ja, diese kernigen, wohlschmeckenden Burschen hatten seit dem Abzug des Viehs die Schwarzenbergalm erobert. Unter den Randfichten standen sie, dunkel- und hellbraun, und niemand wußte um ihre Existenz.

Niemand?

Eines Tages bekam Michl überraschenden Besuch von einer älteren Dame.

Der erste Mensch, seit er hier hauste.

Ein netter Mensch.

„Ich komme von oben 'runter, von der Knoglhütte, da ist es nicht so weit zu meinen Schwammerlgründen. Sie sind wohl der Jäger hier, und Ihrer Behausung sieht man an, wie die Staatskasse spart, natürlich immer bei den Kleinen zuerst. Haben Sie schon mal Steinpilz-Koteletts gegessen? Da bin ich unübertroffen. Eine Pfanne und etwas Butter haben Sie ja."

Sie begab sich unverzüglich an den Herd, und wenig später brutzelte und duftete es durch die ganze Hütte.

„Quartier können Sie mir wohl nicht geben? Ich glaube, es wird mir zu spät für den Rückweg..."

So beherbergte denn Michl seinen ersten Gast und richtete sich selber auf der Ofenbank ein.

Am Morgen war die alte Dame verschwunden. Auf dem Tisch fand er einen Zettel vor nebst einem Zwanzigmarkschein.

„Bin gut situiert und lebe nicht vom Pilzesuchen. Aber das Kotelettrezept nicht weiterverbreiten, ist Staatsgeheimnis!"

Solch noble Gäste hätte sich der Michl öfter gewünscht, aber es kamen keine, das ganze Jahr nicht mehr.

Aber es kam ein ganz anderer Gast.

Er meldete sich mit einem leisen, feinen Bimmeln, und als Michl durch den Türspalt hinauslinste, stand da ein gar prächtiger Geißbock in Frack und Zylinder und sagte mit meckernder Stimme:

„Grüß Gott, ich bin der Kaspar von der Schwarzenbergalm, der letzte seines Stammes. Man hat uns vergessen, die anderen sind umgekommen, bloß ich bin übriggeblieben. Dürfte ich um eine kleine Prise Salz bitten?"

Er sagte natürlich nichts und hatte auch keinen Frack an und keinen Zylinder auf, aber als Michl mit einer Handvoll Reichenhaller Salinensalz auf ihn zutrat, nickte er mit dem Kopf und leckte eifrig.

Der Kerl, obzwar irgendwie adeliger Abkunft, sah ziemlich verwahrlost aus, das Fell schütter und voller Zecken. Man sah ihm an, er hatte schwere Zeiten hinter sich. Aber sein Gehörn, das ragte spitz und steil in den Himmel und jeder Gamsbock wäre ihm darum neidig gewesen.

Nun betrat er ganz ungeniert Michls Quartier und sah sich nach einem Schlafplatz um. Er fand ihn auch und probierte ihn aus, und nun wurde es dem guten Michael von Deppe zur Gewißheit, daß er sein Appartement die künftigen Wochen und Monate mit einem alten Geißbock zu teilen hatte. Vielleicht hatte er ältere Rechte, vielleicht war er schon dagewesen, als sich die Alm noch in Betrieb befand, und kam her und sah immer wieder nach, ob neues Leben eingezogen war. Es war nicht gerade wahrscheinlich, aber immerhin möglich.

Sei, wie es wolle, nun war Michl Tierhalter geworden, sozusagen Kleinlandwirt, und er hatte für Futter zu sorgen. Mittels einer alten Sense, die er mit dem Kletterhammer dengelte, machte er Heu, und auch eine Gabel fand er, dieses einzubringen.

Kaspar war ja sooo bescheiden, und tagelang war er ohnehin abwesend. Aber er kam wieder, immer wieder. Leider? Eigentlich nicht, man hatte sich aneinander gewöhnt.

Vom gefürchteten Geißbock-Ozon war nicht viel zu spüren. Der Kerl war einfach zu alt, um noch zu stinken.

So lebten sie zu zweit die Wochen dahin, und die Einsamkeit war erträglicher.

Michl ging allmählich daran, das Gelände zu erkunden; der Wald war ungeheuerlich und schien endlos. In den Höhenlagen wurden die Fichten und Tannen von den Lärchen abgelöst, dann kamen die Latschen und dann der Fels. Manchmal übernachtete Michl in seinem Schlafsack, nur die Sterne über sich. War es eine verlorene Zeit? O nein! Wenn ihn die Kohlraben weckten mit dunklem Ruf, wußte er, daß das alles nie wiederkehren würde. Nie mehr im Leben.

Es war nun Anfang August, und die Hirsche gingen in die Feistzeit, das heißt: sie gingen nicht, sie lagen. Und manchmal lagen sie in der Suhle, die der Bergjäger „Hirschlack" nennt.

So ein Schlammbad muß ein Genuß sein, und Michl probierte es aus. Es war wirklich einer, ein ganz großer sogar! Und als der frisch gefegte Zwölfender sein Schlammloch besetzt fand, mochte er gedacht haben: Jetzt machen sie uns sogar noch unser Moorbad streitig. Nein, ich wandere aus!

Eigentlich ging dem Michl nichts ab, bis auf den Herrn Theodor (Dori) Grimminger, dem letzten Schwarzenbergwilderer.

Gab es ihn überhaupt noch? War er nicht eher eine Sagengestalt, die sich bis in die heutige Zeit durchgemogelt hatte?

Wenn es ihn gab, dann mußte er alt sein, steinalt mit einem grauen Vollbart bis auf die Brust herab. Und er mußte leicht zu erkennen sein, wenn er auftauchte.

Aber er tauchte nicht auf.

Den Michl lüstete es inbrünstig nach einem Stück frischen Fleisches – mehr noch: nach einer Wildleber, gut paniert.

Sollte er selber...?
Aber womit?
Der Fall wäre, wie man heute so sagt, abgehakt gewesen, wenn nicht der grüne Diabolo höchst persönlich dahergeschlichen wäre und ihn an die Hand genommen hätte. Und wo führte er ihn hin? Zu einem alten, morschen, hohlen Baum. Einem von vielen. Und was bewahrte dieser Baum wohl auf, in dicke Plastikfolie eingewickelt?
Ein Gewehr!
Michl ergriff es, und das Herz schlug ihm bis zum Hals. Er öffnete das Schloß. Fünf Patronen steckten in der Kammer, der Lauf war etwas verkürzt. Eine Wildererbüchs – einsatzbereit!
Erregt, doch nicht allzuschlechten Gewissens, brachte er sie in Sicherheit.
Zu Hause überprüfte er die Waffe eingehend, sie lag gut in der Hand, der Schaft paßte. Er machte Zielübungen, zielte gar auf Kaspar, den Geißbock, der im Laublager kauerte. Ein seltsames Gefühl überkam ihn, ein ungutes, ein Machtgefühl, das Jäger und Wildschütz durchrieselt, wenn das Wild im Fadenkreuz ist.
Die nächsten Abende verbrachte Michl in seinem gut getarnten Aussichtsturm, beobachtete die Alm und die Waldränder und besonders den „Blitzbaum", aber kein Mensch war zu sehen.
Ganz hinten, bei der umzäunten Salzlecke, trat schließlich ein kleines Rudel Rotwild aus: Stuck, Schmalstuck und Kalb.
Das Schußlicht war noch gut. Sollte er?
Nein, nicht er selbst war es, der schließlich den Finger krümmte, es war der grüne Diabolo, der Jagdteufel. Der helle Blitz schoß aus dem Rohr und die Kugel mit dumpfem Schlag in den Wildkörper.
Was war gescheh'n? Fürchterliches war gescheh'n!

Aber so fürchterlich war es doch eigentlich gar nicht.
Fleisch war im Haus, gutes, frisches Fleisch. Michl löste die besten Stücke aus, der Rest wurde in der früheren Miststatt vergraben, tief, tief, unerreichbar für die Füchse.
Die Wildererbüchse kam zurück in ihr Baumversteck.
Nein, es war nichts gescheh'n, gar nichts war gescheh'n.
Wieder kam eine Verpflegungsbombe von oben, noch sparsamer bemessen als die vorige, aber man war ja nun fast Selbstversorger. Schad', daß der Kaspar keine Geiß war, dann hätte man auch noch Milch...

In letzter Zeit war der Stammtisch unruhig geworden.
Wo war das auffallende orangerote Bergsteigerzelt?
Michl bemerkte, daß seit ein paar Tagen dubiose Gestalten in der Gegend umherschlichen, von denen er mindestens einen, nämlich den Möbelschreiner Billinger, identifizierte. Auch ein weiterer kam ihm bekannt vor, nämlich der Haumeister Loidl Sepp; die Sorge um den jungen Burschen hatte sie zur Nachschau in den Schwarzenberg getrieben.
„Dem kann abgeholfen werden", grinste der Michl und stellte sein Zelt einmal da, einmal dort auf. Schließlich würden sie es entdecken und befriedigt nach Hause eilen.
Und so geschah es auch, und es war wieder Ruh' am Berg.
Nein, war es nicht.
Über den Steinbergrücken herüber dröhnte des Nachts der erste Hirschschrei. Erst nur der zaghafte Ruf des suchenden Hirsches, dann eine Antwort, dumpfer, herrischer, und in einer klaren, kalten Nacht brach es herein über den Schwarzenberg. Ruf und Gegenruf – die Brunft war voll im Gange.
Der „Blitzbaum" war fast pausenlos besetzt, und in den drei Jagdhütten des Reviers trafen die ersten Gäste ein.

Lange mußte Michl auf den ersten Schuß warten, aber dann dröhnte er eines Abends durch den Wald, und irgendwo in den Gräben oder auf dem Schlag hauchte ein Geweihter sein Leben aus.

Den „Blitzbaum" selber, den aussichtsreichsten Platz im Revier, verließen die Jäger aber als Schneider, und Michl hörte den Revierjäger Kroißer fluchen:

„Da stimmt was nicht, da hat einer g'schoss'n, sakrament, sakrament!"

„Arschloch", grinste der Michl und merkte gar nicht, daß er schon auf die „andere Seite" geraten war, auf die der Outlaws und Gesetzesbrecher.

Die Brunft ging mit mäßigem Jagderfolg für die Gäste zu Ende, und die Mär vom „letzten Wilderer vom Schwarzenberg", fast eingeschlafen, erlebte ihre Wiederauferstehung.

Die Forstbehörde wagte, zusammen mit der örtlichen Gendarmerie, bei dem Hauptverdächtigen eine überraschende Hausdurchsuchung, was eine heftige Blamage zur Folge hatte: Der Grimminger Dori lag gerade auf dem Sterbebett, 78 Jahre alt, nur noch ein Schatten seiner selbst. Natürlich wurden die amtlichen Kondolenzbeweise nach seinem Ableben von der Familie nicht ernst genommen:

„Seids froh, daß 'n endlich loshabts", bekam der Forstamtschef zu hören, „aber es kimmt scho wieder amoi oana, der euch zum Schwitzen bringt."

Er war schon da.

Er hockte in seiner halbeingefallenen Balkenburg und dachte unentwegt an die geführige Wildererbüchs im alten vermorschten Baumstamm, zu der ihn der Jagdteufel, der vermaledeite, vielleicht in Übereinkunft mit dem alten Grimminger Dori, hingeführt hatte.

Mit äußerster Vorsicht stattete er ihr einen Besuch ab, nahm sie in die Hand, zielte, grinste und legte sie wieder zurück.

Die Jagdorgane waren inzwischen aufgeschreckt. Zwar hatte der gefürchtete alte Raubschütz das Zeitliche gesegnet, aber der Revierjäger Kroißer behauptete steif und fest:

„Die heurige Brunft verlief net normal, ich bin mir sicher, da geht einer um!"

Die Revieraufsicht wurde verstärkt, aber bis in den November hinein ereignete sich nichts. Dann fiel auf der nebelverhangenen Schwarzenbergalm ein Schuß. Michl hatte ein Hirschkalb zur Strecke gebracht. Nun erfolgten dieselben Handhabungen wie beim erstenmal: Verschwindenlassen der Waffe im Baumversteck, Aufbrechen, Zerwirken, Einsalzen der edelsten Stücke und Deponieren im kühlen Felsenkeller – aber wohlweislich nicht im eigenen, sondern der Nachbarhütte. Dann fort mit allem Nichtverwertbaren, wieder tief, noch tiefer, Berge von altem, verrottetem Mist darüber und darauf eine Lage halbverfaulter Balken. Nun waren nur noch alle verdächtigen Schweißspuren zu beseitigen; unzählige Eimer Wasser besorgten dies.

Nun konnten sie kommen.

Sie kamen aber nicht, wenigstens vorerst.

Allerdings hatte der Revierjäger Kroißer, der schon nächtelang nicht mehr richtig schlafen konnte, plötzlich eine sonderbare Idee.

Er sträubte sich gegen diese.

Aber sie drängte sich ihm auf.

Der Michl?

Aber wo war er, der Michl?

Natürlich im orangefarbenen Zelt. Das war einmal da und einmal dort. Aber kein Lebewesen weit und breit. War er überhaupt noch am Leben?

Doch eines Tages, als er auf seinem „Blitzbaum" hokkte, in Erfüllung des Abschußplans ein Stück Kahlwild zu schießen, sah Kroißer Seltsames: Aus dem verfallenen

Endmannskaser, dem noch am besten Erhaltenen von den fünf aufgegebenen, kräuselte eine dünne, hellblaue Rauchfahne. Er schmeckte Holzrauch, herben Rauch von guten, trockenen Fichtenscheiten.

Da kam dem Berufsjäger Kroißer Hannes ein fürchterlicher Verdacht. Er informierte den Forstmeister. Dieser, wenn auch schweren Herzens, seine Revierbeamten.

Der Deppe Michl, Sunnyboy der Stammtischbruderschaft, wurde eingekreist und belagert. Das war keine Gaudi mehr, das war bitterer Ernst.

Zwar hatte der Michl kein Fernglas, aber ausgezeichnete Augen.

„Ihr Dünnscheißer", grinste er, als er sie umherschleichen sah, den alten Forstamtmann Drexl mit seinem steifen Haxn, den Assessor Wildermuth mit seinen altmodischen Wickelgamaschen, den Oberförster Heimer, alle bewaffnet bis an die Zähne, dazu zwei bayrische Gebirgsschweißhunde; diensteifrig und die Nase am Boden. Seltsamerweise war der Forstmeister Hermannsgadner der Aktion ferngeblieben.

Der Ring schloß sich um den Endmannskaser, und dann rief einer bei der Tür herein:

„Geben Sie auf, Sie sind umzingelt!"

Dem trat aber nicht der des Wilderns Verdächtigte, sondern der Geißbock Kaspar entgegen und meckerte ungnädig, denn er hatte soeben sein Mittagsschläfchen unterbrechen müssen.

Dann erst kam Michl als Tageslicht, bärtig wie der alte Rübezahl, aber mit munterem, jugendlichem Blick:

„Die Herren wünschen?"

Die Mannschaft schwieg. „Haussuchung", sagte schließlich einer, worauf sie Michls Notquartier auf den Kopf stellten und dasselbe ohne Ergebnis wieder verließen.

„Entschuldigung", sagte der Forstamtmann Drexl, „aber bei uns wird offensichtlich wieder gewildert, und da muß man jedem Verdacht nachgeh'n."

Dann, obwohl die beiden Schweißhunde den Misthaufen immer wieder mißtrauisch umrundeten, zogen sie ab.

Es war nocheinmal gut gegangen. Wenn sie einen Kriminaler, einen Spezialisten für Spurensicherung dabeigehabt hätten, wahrscheinlich nicht.

Nun kamen triste Tage, der Nebel wich nicht mehr von der Alm, nur oben auf den Höhen schien die Sonne. Auch die Lärchen färbten nun und standen wie gelbe Flammen im Gehäng'.

Michl verließ seinen Wigwam zu einer ausgedehnten Höhenwanderung. Sollte er den Geißbock mitnehmen? Wollte der überhaupt?

Er wollte. In gemütlichem Berglertempo strebten sie dem langgezogenen Bergrücken entgegen, vom hellen Bimmeln der kleinen Glocke begleitet. Sie verlebten genußreiche Spätherbsttage unter blauem Himmel, während die Täler bis hinaus in die Ebene im grauen Nebelbrei versanken. Die Nächte verbrachten sie im Freien im Schlafsack, natürlich nicht Kaspar. Der Geißbock wanderte umher und tat sich an den kurzen Berggräslein gütlich, aber am Morgen war er wieder da.

Einmal begegneten sie einem kleinen Gamsrudel, zu dem sich ein mittelstarker Bock gesellt hatte, denn die Brunft des Krickelwilds war nicht mehr fern. Kaspar und der Gamsbock schauten einander an. Was ist denn das für einer, der hat ja den Bart unterm Hals, und bimmeln tut er auch? Der Gams rückte neugierig näher und machte ein Standl.

Und Michl machte Zielübungen mit seinem „Alpenstab". Und da durchrieselte es ihn wieder, da packte er ihn wieder, der vermaledeite Jagdteufel, und die Wildererbüchse unten im Baumversteck kam ihm in den Sinn.

Nun, vielleicht später einmal, wenn ein Hauptbock die Regentschaft übernommen hatte.

Als es wieder abwärts ging von der Höh', trafen sie auf die Tröglerhütte, mehr schon ein Jagdhaus, natürlich unbewohnt und verschlossen um diese Zeit.

Michl kam plötzlich die Lust an, wieder einmal in einem weichen Bett zu schlafen und aus einer normalen Tasse Tee oder Kaffee zu schlürfen, statt aus dem zerbeulten Aluminiumbecher.

Er überlegte. Da stand dieser Prachtbau und wurde nur noch wenige Tage im Jahr benutzt. Wegen der Belüftung waren die Fenster offen, allerdings abgesichert durch unerfreulich massive Gitterstäbe.

Da war nichts zu machen. Zum ersten Stock führte eine Freitreppe hinauf zu einem gemütlichen Balkon mit Sitzbank und Klapptisch. Hier war wohl das Quartier für den Berufsjäger. Das kleine Fenster war seltsamerweise ungesichert; ein kleiner Druck genügte, und es ging auf. Ein normales Mannsbild wäre darin steckengeblieben, aber Michl, vom spärlichen Verpflegssatz der Stammtischgenossen schlank geworden, glitt leicht hindurch.

Nun war er, nach Monaten, wieder in einem echten Haus und fand alles vor, um sich ein paar gemütliche Tage zu machen und langsam wieder an die Zivilisation zu gewöhnen.

Kaspar, der Geißbock, kam auch nicht zu kurz; er durfte in dem kleinen, umzäunten Gemüsegarten den Schnittlauch abfressen. Michl aber bediente sich ungeniert an den Vorräten und streckte sich zum Schlaf in dem komfortabelsten aller Betten aus, wobei er drin ein leichtes Parfümgrucherl diagnostizierte, also hatte zuletzt eine Frauensperson darin geschlafen.

Drei Tage und Nächte lebte Michl wie im Schlaraffenland, putzte sich die Zähne mit echter Zahnpasta, machte

Körperpflege am Brunntrog mit einem bunten, weichen Waschlappen und duftender Seife und genehmigte sich hinterher ein Frühstück par excellence, bei dem nur das weichgekochte Ei fehlte.

Er gedachte, seinen Aufenthalt hinauszuzieh'n, solange es ging, aber da hörte er eines Abends unten am Pirschsteig weibliche Stimmen. Das Geschnatter näherte sich, und er wollte zum kleinen Fenster hinaushechten, aber der Bauch war gewachsen, und er blieb – sakrament, sakrament! – stecken.

„Schau, Mama!" rief die jüngere der Damen, „da gibt uns der neue Revierjäger seine erste Vorstellung. Der hat wohl den Hüttenschlüssel vergessen. Aber, aber, der liegt doch unter der Treppe, haben Sie denn das nicht gewußt?"

So sah sich der Michl von zwei Angehörigen des weiblichen Geschlechts überrascht, von denen sich die eine als die Ehefrau des pensionierten Forstrats Kandlhuber vorstellte, die jüngere als dessen Tochter.

„Wir haben die Erlaubnis des Forstamts und kommen jedes Jahr um diese Zeit herauf, um dem Nebel zu entfliehen. Sie bleiben doch noch?"

„Eigentlich net", stotterte Michl.

„Ach was!" äußerte sich die Frau Forstrat, „jetzt ist doch sowieso Flaute im Jagdbetrieb. Was ist das eigentlich für ein gräßlicher alter Geißbock da draußen in unserem Gemüsegartl?"

„Der ist mir nachgelaufen."

„Schicken Sie ihn weg, der stinkt!"

„Der stinkt nicht!" mischte sich da das Töchterl ein, „der ist sogar sehr lieb, und ein Jäger, dem so ein Tier nachläuft, der ist auch lieb."

Worauf sich der Michl sehr, sehr geschmeichelt fühlte.

Und er fühlte sich noch öfter geschmeichelt, denn das Fräulein Rosi Kandlhuber hatte sich spontan in ihn verliebt. Bevor er sich endgültig verabschiedete, teils um den beiden Damen verpflegsmäßig nicht zur Last zu fallen, teils weil dem Kaspar der Schnittlauch ausgegangen war, nahm sie ihn auf die Seite, zupfte ihn an seiner wirren Bartkrause und sagte:

„Sie sind gar nicht der neue Jäger, Sie sind der junge Bursch, den man für ein halbes Jahr hier ausgesetzt hat aus einer verrückten Stammtischlaune heraus, und nun verdächtigt man Sie auch noch des Wilderns, wie ich gehört hab. Das find' ich einfach doof. Wissen Sie, was? Am nächsten Wochenende bin ich wieder hier oben, aber allein, ich bin ein bissl direkt, und wenn mir einer gefällt, dann laß ich's ihn auch wissen!"

Leichten Schrittes und mit seltsam guten Gefühlen in der Brust stieg Michl hinab zu seiner Hütte und verbrachte die nächsten Tage mit hektischen, überflüssigen Geschäften. Einmal stattete er seiner Wildererbüchs einen Besuch ab, hielt sie an die Wange und strich über ihren glatten Lauf. War es ein Abschied, oder sollte er nochmal? Das Geweih eines alten Berghirschen, ein pechiges Gamskrickel, das wäre eigentlich sein krönender Abschluß gewesen für den „letzten Wilderer vom Schwarzenberg".

Aber dann sah er im Geiste das frische, unkomplizierte Mädel den Pirschweg unterm Jagdhaus heraufspringen, direkt in seine Arme. Aus dem Wildererabenteuer war eine Liebesromanze geworden, und der grüne Diabolo, der Jagdteufel, zog sich grollend ins Dickicht zurück.

Aber die letzten drei Wochen gedachte Michl noch durchzusteh'n.

Und dann, pünktlich am 23. Dezember, ein Tag vor dem Heiligen Abend, betrat ein braungebrannter, krausbärtiger Urmensch, begleitet von einem ebenso verwilderten alten Geißbock, das Gasthaus „Zum Jägerwirt" und meldete sich militärisch zurück:

„Größte Viecherei meines Lebens heil überstanden, ebenso die völlig unangebrachte und beleidigende Hausvisitation wegen Verdachts der Wilderei, habe mich vielmehr als ausgesprochener Tierfreund ausgewiesen und verirrten alten Geißbock in Quartier genommen – und Glück meines Lebens gefunden!"

Worauf die Tür aufging und das Fräulein Rosi Kandlhuber, das sich zu diesem Auftritt vor den Bierdimpeln nur schwer hatte entschließen können, den Raum betrat und auf des Urmenschen Schoß Platz nahm.

Es wurde ein gemütlicher Abend.

Nur der Forstmeister Hermannsgadner machte ein leicht säuerliches Gesicht, und es reute ihn, daß er sich nicht selbst verbannt hatte in die Wildnis des Schwarzenbergs. Denn auf das überaus hübsche und patente Fräulein Rosi hatte er schon lange ein Aug geworfen.

Später, als der einzige und letzte von Deppe-Abkömmling vom Studienfach „Unentschieden" auf Juristerei umgestiegen war, seinen Doktor gebaut und Rosi geehelicht hatte, gestand er ihr seine Schandtat mit der Wildererbüchse.

Sollte er sich stellen und ein Geständnis ablegen?

„Verrückt wirst' sein!" rief die Rosi. „Gehst halt jetzt regulär auf die Jagd, kannst dir 's ja leisten, und es hat auch seinen Reiz!"

„Aber net den, net den..." murmelte der Michl, und seine Gedanken wanderten hinauf zum alten vermoderten Baum, der jetzt allmählich in sich zusammenfiel und mit ihm wohl endgültig die Mär vom „letzten Wilderer vom Schwarzenberg".

Der „Jagdausflug" des Florian Hinterwalder

„Den Flori habt ihr alle unterschätzt; jetzt geh' i auf d' Jagd, wo i mag, und schiaß, wann 's mi g'freut!"

Bis es zu diesem Ausspruch kam, war viel Zeit vergangen und hatte sich viel ereignet. Das Positive zuerst: Florian Hinterwalder hatte vom Schmiedgesellen zum Kfz-Mechaniker umgesattelt und wenig später die Jägerprüfung abgelegt. Er war geschickt in seinem neuen Beruf und verdiente ein gutes Gerstl, das es ihm ermöglichte, in seiner Heimat, dem unteren Bayrischen Wald, zu verbleiben, statt wie viele Waldler in die Industrie- und Gewerbezonen abzuwandern oder gar ins Ausland zu geh'n. Auch was die Jägerei betraf, standen ihm die Sterne günstig: Nach einiger Zeit als Mitgeher wurde ihm vom Baron von Gstettner der Posten eines nebenberuflichen Jagdaufsehers angeboten, den er sofort annahm.

Und nun die negativen Aspekte: Florian Hinterwalder war von der Natur mit ungewöhnlichen Körperkräften ausgestattet worden, die sich leider mit einem jähzornigen und intoleranten Charakter verbanden. Für den Jagdschutz war ersteres von Vorteil, letzteres leider nicht, denn die Zeit hatte sich gewandelt, der Jäger war kein König mehr in seinem Revier, er war ein Dienender geworden – ein Dienender an der Natur und all ihren Geschöpfen.

Mit dieser Rolle wollte sich Hinterwalder nicht abfinden, und so lief Beschwerde um Beschwerde ein, bis ihn der Baron ins Forstbüro zitierte:

„Lieber Florian, Ihre Muskelkraft und Ihre Schießkunst in Ehren, aber was Sie da vorige Woche mit dem Oberlehrer Gamperl praktiziert haben, das geht denn doch zu weit!"

Dem Florian schwollen die Stirnadern an:

„Was hab' i denn praktiziert? Nix hab' i praktiziert! Gebeten hab' ich ihn, den Revierteil, wo er grad auf Pilzsuche war, umgehend zu verlassen, weil ein hoher Jagdgast angesagt sei. Darauf hat er g'sagt: ‚Wissen S' was, lecken S' mich am Arsch!' Darauf hab' ich sein Schwammerlkörbel gegen einen Baum geschlagen, daß die Recherl und Täublinge davong'hüpft sind, ihn mir auf die Schulter gelupft und bis zum Schulhaus getrag'n, wo ich ihn herabgleiten hab' lassen."

„Wobei er sich böse das Kreuz verrenkt hat!" warf der Baron ein.

Florian treuherzig:

„Kann auch nix dafür, daß er so wehleidig ist."

Nun, dieser peinliche Vorfall reichte nicht aus, die Sympathie des Herrn Baron für den grobschlächtigen Burschen ins Gegenteil zu verkehren, allerdings kühlte dann ein anderes Ereignis die Zuneigung des Jagdherrn zu seinem Aufseher beträchtlich ab.

Ein honoriger Jagdgast war angesagt und zwecks Abschuß eines Rehbocks dem Florian Hinterwalder „übergeben" worden.

Spät des Abends fuhr der Jagdgast am Forstbüro vor:

„Unmöglich, unmöglich, dieser Mann!" Ich ziel' auf den Bock, hab' ein wenig Schußfieber, aber das legt sich bei mir, da haut er mir die Büchs weg und schießt – selber! ‚Ich sag schon nix', grinst er, rumpelt vom Hochstand herunter, wirft sich den Bock ins Kreuz und haut ab, und ich hock' da, blamiert bis auf die Knochen. Ich glaub', ihr habt da einen verkannten Wilderer in Dienst genommen."

Nun war das Wort zum erstenmal gefallen: Wilderer.

Aber noch immer nicht mochte sich der Herr Baron von seinem Jagdaufseher trennen. Mit seiner mächtigen Gestalt, mit seinen Schmiedefäusten und seiner völligen Furchtlosigkeit war er ein Garant für Ruhe und Ordnung im Revier, und erst nach einer Unterredung mit seiner Gattin begann er zu wanken:

„Es wird ja schon allerlei gemunkelt über deinen Jagdaufseher, und neulich hab' ich mich selber von ihm führen lassen. Der Mensch bebt ja vor lauter Schußgier, der bringt uns nur Unglück!"

Daraufhin wurde Florian Hinterwalder als Jagdaufseher des Herrn Baron von Gstettner entlassen. Grund: mangelnde Selbstdisziplin.

Auf Bauernjagden ging er noch eine Weile mit, zuerst hochwillkommen und bewundert wegen seiner enormen Treffsicherheit und der Beherrschung des jagdlichen Handwerks, später angefeindet wegen seiner Rigorosität bei der Erfüllung des Abschußplans.

Er wurde langsam aus der Jagd hinausgeekelt.

Warum, das sah er nicht ein.

Da wurde ein verhängnisvoller Gedanke in ihm geboren: Wenn's mich als Jager nicht wollt's, dann geh' i eben wildern. Aber net so, wie's ihr vielleicht denkts, i mach jed's Jahr meinen Jagdausflug, und da bring i mehr z'samm wie ihr notigen Bauernjager miteinander."

Wie schon erwähnt, hatte Florian Hinterwalder den Beruf des Dorfschmieds mit dem des Automechanikers vertauscht; hierin hatte er die Zeichen der Zeit – im Gegensatz zur Jägerei – rechtzeitig erkannt. Allerdings: Ein längeres Verbleiben an seinem Arbeitsplatz machte er durch sein unduldsames, streitbares Wesen meist selber zunichte, worauf er beschloß, sich selbständig zu machen.

Im Anwesen seiner Eltern richtete er sich eine eigene Kfz-Werkstatt ein, finanziert von seiner Mutter, die ihrem grobschlächtigen, rigorosen „Buam" abgöttisch zugetan war. Der Vater, der diesem Vorhaben wahrscheinlich im Wege gestanden hätte, war rechtzeitig gestorben.

Florians kleiner Betrieb florierte recht anständig, besonders als er sich auf Unfallautos spezialisierte; er war tatsächlich imstande, aus einem Haufen Blech wieder ein fahrbares Auto zu fabrizieren, und wenn einer kam, um einen auf etwas dubiose Weise entstandenen Lackschaden unsichtbar zu machen, der war beim Hinterwalder Flori an der richtigen Stelle.

So ganz nebenbei hatte der Flori ein eigenes Fahrzeug in seiner Werkstatt sozusagen auf Stapel gelegt, einen alten, verrosteten VW-Kombi, den er kenntnisreich und liebevoll in ein brauchbares Nutzfahrzeug verwandelte. In ein ganz besonders brauchbares Nutzfahrzeug. In ein ganz spezielles Nutzfahrzeug. Der doppelte Boden, wozu war er wohl gedacht? Die überscharfen Scheinwerfer, vom Fahrersitz aus verstellbar – was hatten sie wohl für eine Aufgabe?

Der überdimensionale Gefrierschrank – wofür war der wohl vorgesehen?

Florian Hinterwalder, der Ausgestoßene, hatte nun seinen eigenen Ansitzschirm, einen fahrbaren, mit dem er nach Lust und Laune seiner Schießleidenschaft frönen konnte, ohne Grenzen, ohne Jagdzeiten zu achten, frei wie der räubernde Fuchs und der herabstoßende Habicht.

Als Flori Abend für Abend Landkarten und Campingführer studierte, wurde seine Mutter, die geliebte „Mamm", mißtrauisch.

„Was hast den vor? Willst etwa auf Reisen geh'n, wo dein Geschäft so gut geht? Fast ein Dutzend Autos stehen hinten im Hof."

Florian, jetzt ein ganz anderer Mensch, als ihn die Leute kannten, strich seiner alten Mutter über das graue Haar:

„Jeder braucht amal seinen Urlaub, ich fahr' a bissl in der Gegend umanand, schlafen tu ich im Auto auf einem Campingplatz, das ist billiger wie in einem Gasthof. Und jeden Tag schreib' i dir a Ansichtskarten, damit du weißt, wo i grad bin."

Mit diesem Versprechen blieb die alte Klara Hinterwalder zurück und schaute ihrem Sohn Flori nach, der mit brummendem Motor in der Ferne verschwand.

In der Ferne, ja in der Ferne, denn den einheimischen Jägern wollte er auf keinen Fall begegnen.

Er hätte vielleicht, bei passender Gelegenheit, einmal seinen Büchslauf statt auf ein Stück Wild auf eine Menschengestalt gerichtet, so tief getroffen war er, der uneinsichtige, bornierte Mensch.

Florians von ihm selbst zum „Jagdausflug" verharmloste Wilderertour gestaltete sich in den ersten Tagen tatsächlich zu einem echten Urlaub. Auf abseitigen, aber tadellosen Straßen zuckelte er durch den inneren Bayrischen Wald, an den bekannten Fremdenverkehrsorten vorbei, hinein in den Oberpfälzer Wald, nahm auf einem Campingplatz Quartier und fand sich schließlich mitten im grünen Waldparadies des Fichtelgebirges. Und an keinem Tag vergaß er, seiner Mutter eine Ansichtskarte zu schreiben: „Alles in Ordnung, Dein Flori!"

Dann durchquerte er den Frankenwald und entsann sich endlich des Zwecks seiner Reise: Die Büchs mußte knallen, ein Stück Wild zu Boden stürzen, abgeschärft das Haupt, und hinein in den Gefrierschrank. Da war Platz, viel Platz.

Als er das mit Lehm verschmierte Nummernschild reinigte, reute ihn fast dieser erste Schuß. Der Urlaub war zu Ende, der verbotene Jagdzug begann.

Nach Durchquerung der Rhön erreichte er die Hessischen Wälder, nun nicht mehr die Landschaft genießend, sondern die versteckten Winkel suchend, die einsamen Waldwege und schließlich die Wildwiesen, wo sein greller Scheinwerfer in Aktion trat und die Büchse ihr Machtwort sprach.

Nun dreimal schon. Nun fünfmal schon. Und jedesmal war er rechtzeitig fort, der Kombiwagen mit dem verschmutzten Nummernschild. Dieses gereinigt und aus Sicherheitsgründen die Reifen gewechselt, erfreuten sich dann die Benutzer eines kleinen, gemütlichen Campingplatzes eines unauffälligen, ruhigen Kollegen, der sogar Kindern den Zutritt in sein uriges Gefährt nicht verbot.

Es waren schon annähernd zwei Wochen vergangen, und immer noch erhielt die geliebte Mamm zu Hause ihre tagtäglichen Kartengrüße. Sie kamen nun sogar schon vom Harz, dieser Wald- und Bergbastion mitten im Herzen von Deutschland.

„O der Bua, hoffentlich hat er sich nicht verirrt!"

Er hatte sich nicht verirrt, er war aber sehr vorsichtig und zurückhaltend geworden. Der Harz war gefährlich. Jagdland, uralt. Forstleute in Uniformen noch, die kein Pardon kannten.

Dennoch holte er sich einen Rehbock auf die bewährte Art und verschwand, verschwand auf Nimmerwiedersehen. Und so ging es fort bis weit hinauf in den Norden. Jetzt aber waren die lokale Presse und später die Tageszeitungen auf ihn aufmerksam geworden:

„In Deutschland geht ein geheimnisvoller Wilderer um, der von Süd bis Nord die Jagdreviere verunsichert, einmal da, einmal dort, den Ort seiner Untaten ständig wechselnd. Die Trophäen nimmt er mit, die Kadaver läßt er liegen, wahrlich ein Raubwilderer der übelsten Sorte, dem das Handwerk zu legen Jägerschaft und Naturfreunde aufgerufen sind."

Florian Hinterwalder las es schmunzelnd an einem besonders gemütlichen Campingplatz irgendwo am Rand der Lüneburger Heide, und schnitt sich ein Reiberl Geselchtes ab, das ihm die Mutter nebst einem Verdauungsschnapserl mitgegeben hatte.

Die Ansichtskarte, sakrament, die hätte er fast vergessen!

Er eilte zum nahegelegenen Kiosk, suchte eine besonders schöne und bunte aus und schrieb mit seiner eckigen, ungelenken Schrift:
„Viele Grüße aus der Lüneburger Heide sendet Dir Dein Flori. Sonst geht es gut."
Dann frankierte er die Karte und warf sie in den Briefkasten. Froh, seine Sohnespflicht doch noch erfüllt zu haben, genehmigte er sich am Kiosk ein Flascherl Bier.

Hier muß eingeflochten werden, daß der zu Uneinsichtigkeit und Gewalt neigende Kerl auch seine guten Seiten hatte. Eine davon war sein sparsamer und disziplinierter Umgang mit dem Alkohol. Als Mensch, der mit Kraftfahrzeugen zu tun hatte, eine löbliche und sogar notwendige Eigenschaft. Und noch ein erfreuliches Merkmal hatte ihm der Schöpfer mitgegeben: Seine Hinneigung zu Kindern, sein Beschützerinstinkt, wenn er so eine buntgewürfelte Gesellschaft um sich hertollen sah. Das galt ihm mehr als der sanfteste Augenaufschlag eines weiblichen Wesens, und es war wohl die Mutter, die geliebte Mamm, die ihm jedweden Umgang mit dem anderen Geschlecht ersetzte.

So hatte er auf den Campingplätzen, auf denen sein Kombi erschien, fast augenblicklich einen Kranz Kinder um sich.

So auch hier, an diesem beschaulichen Platzerl am Rand der großen Heide, die er bisher mit seinem Raubzug verschont hatte, weil einfach kein Platz mehr war in seinem fürchterlichen Köpfe- und Hörnerdepot. Und weil es ihn nach Hause drängte, zu seiner Mutter.

Aber als er sein Bier ausgetrunken hatte und zurückging zu seinem Kombi – was sah er da?

Ein ganzes Rudel Menschen hatte sich um das Fahrzeug versammelt, und ein Bub, den er besonders mochte und der schon einige Male mit ihm auf echt bayrisch gebrotzeitelt und freien Zugang zu seiner kleinen, primitiven Kuchl hatte, warf Rehkopf um Rehkopf unter die Leute und brüllte:

„Das ist der Wilderer aus der Zeitung, wir haben ihn, wir haben ihn!"

Tief getroffen stand Florian Hinterwalder, der einen guten Teil seines ungebärdigen Herzens den Kindern reserviert hatte, vor dem unappetitlichen Knochenhaufen. Dann packte er den Buben am Genick, schleuderte ihn in die Menge und brüllte:

„Ja, ich bin der Wilderer, aber gefaßt habt ihr mich noch lange nicht!"

Dann warf er den Motor an und brauste davon.

Nummernschilder wechseln war das nächste und dann sich einordnen in den Massenverkehr in Richtung Süden.

So kam er ungeschoren bis Mitteldeutschland. Dann zweigte er ab in die Wälder und erreichte in pausenloser Fahrt Oberpfalz und den nördlichen Bayrischen Wald.

Heim, heim, nichts wie heim!

Aber die Polizeimaschinerie hatte zu laufen begonnen, und der Wolf, dem sie auf der Fährte war, war der Kombi des Florian Hinterwalder.

Als er, halbtot vor Erschöpfung, die letzten Kilometer seiner Flucht hinter sich gebracht hatte und aus dem Waldstück bog, von dem aus er sein Anwesen sehen konnte, erschrak er gewaltig. Zwei, nein, drei Polizeiautos parkten auf dem freien Platz.

Er nahm sein Jagdglas an die Augen: Sie verhandelten mit seiner Mutter, bedrohten sie gar, wie ihm schien.

Da kannte seine wilde, gewalttätige Natur keine Grenzen mehr, in einer Urwut sondergleichen brauste er den Feldweg entlang und rammte und zerfetzte wie ein wütender Stier die Autos der Polizisten, schob sie zu einem Blechknäuel zusammen, immer wieder von neuem rammend und schiebend, bis bloß noch ein Haufen Schrott übrigblieb.

Dann fiel er blutüberströmt aus dem Führerhaus auf den Boden und röchelte mit zynischer Grimasse:

„Wird alles repariert – kostenlos!"

Florian Hinterwalder saß drei Jahre bei ebenfalls „kostenlosem" Logis in der Strafanstalt Landshut ein, und als er herauskam, war er sozusagen ein geläuterter Mensch.

Seine geliebte „Mamm" war unterdessen gestorben, und er heiratete eine Wittib, die schon mit ihrem ersten Mann ihre unguten Erfahrungen gemacht hatte und ziemlich „abgehärtet" war.

Einen „Jagdausflug" hat er nicht mehr unternommen.

Die Trophäen seines großen Raubzugs von einst befinden sich wahrscheinlich im Asservatenraum eines kriminaltechnischen Instituts irgendwo droben in Niedersachsen.

Seine Werkstatt florierte, später kam noch eine Tankstelle hinzu. Seine Frau gebar ihm drei Kinder, dann kam noch ein viertes, und ihm war es recht.

Nun wurde er der Kindsvater, der er immer schon gewesen war, wenn auch ein verhinderter.

Ein edler Mensch ist er nie geworden, der Florian Hinterwalder aus dem unteren Bayrischen Wald, aber ein halbwegs brauchbarer, und das ist doch auch schon etwas.

Ein Buschmann namens Xaverl

Joseph Gschwendners Vorfahren waren seit drei Generationen in Südwestafrika ansässig und stammten aus der Gegend um Bad Tölz in Oberbayern. Sie lebten allesamt von der Rinderzucht, einmal besser, einmal schlechter, je nach Stand der Fleischpreise und dem Geschick, das der jeweilige Besitzer bei der Bekämpfung der Rinderkrankheiten aufzuweisen hatte.

Joseph oder Sepp Gschwendner, der vorerst letzte in der Reihe der Rinderfarmer, sah sich dann allerdings, hauptsächlich aus Personalmangel, zu einer Umstellung gezwungen und wandelte seine Rinderfarm in eine Jagdfarm um, was einige schon vor ihm getan und dabei keine schlechten Erfahrungen gemacht hatten. Das eingezäunte Farmland war mehr als 8.000 Hektar groß, und in ihm äste nun statt der Rinderherden das Wild, wobei aber der Drahtzaun eher eine eigentumsrechtliche als eine tatsächliche Grenze darstellte, weil ihn die meisten Wildtiere nicht ernst nahmen und ihn entweder überflohen oder unter ihm durchkrochen.

Für die jagenden Gäste hatte Joseph Gschwendner ein Haus errichtet, das an Komfort nichts fehlen ließ und eine schöne Stange Geld gekostet hatte, die er durch reichen Besuch wieder hereinzubringen hoffte. Und tatsächlich: Mittels einer renommierten Jagdvermittlung waren die Gästezimmer stets gut ausgebucht, und Gschwendners Zukunft als Jagdfarmer schien gesichert.

Das Land selbst, in seinen Grenzen noch immer nach den Linien des ehemaligen Deutsch-Südwestafrika verlaufend, hatte sich politisch beruhigt, mit den unmittelbaren Nachbarn, einem Engländer und einem Holländer, stand er in gutem Einvernehmen, und eigentlich fehlte nur eines zu des Gschwendners Sepp vollendetem Glück: eine Frau.

Um dies zu ändern, gab er etlichen Annoncen in deutschen Zeitungen auf, bekam aber zu seiner Enttäuschung nur eine einzige Antwort. Bäuerinnen waren im Heimatland mittlerweile äußerst rar geworden, und da „unten, bei der Hitz" – da war wohl erst recht kein Zuspruch zu erwarten.

Die „einzige Antwort" kam ausgerechnet aus Sachsen. Hier muß bemerkt werden, daß im Hause Gschwendner neben Englisch seit Generationen durchwegs Bayrisch gesprochen und auch gelebt wurde. Es wurden die berühmten Bierradi gezüchtet, ebenso eine Sau gehalten, die das nicht minder erfreuliche G'selchte lieferte, und am Sonntag, da schlüpfte der Sepp in seine kurze Wichs (Lederhose), die der Vater schon bei festlichen Anlässen getragen hatte, und fuhr zur Kirche, bestaunt von Eingeborenen und Weißen.

Und nun stand also die Perle des Sachsenlandes vor der Tür. Die Überraschung war, daß es tatsächlich eine Perle war. Humorvoll, tatkräftig und mit allen Attributen versehn, die das weibliche Geschlecht für Mannsbilder so begehrens- und liebenswert machen.

Sie hieß Anna, wurde aber augenblicks in Annerl umgetauft, was sie aber nicht krummnahm. Und daß sie fleißig bayrisch lernte und mit der Zeit ein Sprachengemisch gebar, das zwischen dem Tölzer Dialekt und der sächsischen Muttersprache hin- und herschwankte, erheiterte sowohl den Ehegatten als auch das einheimische Dienstpersonal.

„Nähm ma zum Umrührn statt dem Leffel net doch liaba an Kochlöffi?" Oder: „'s Bätt hätts de bässer aufschittln gönnen, schlafft naxte Woch' a Generaldirektor drinn, du Adelgunde, du schwarzhäuterne!"

Das nur als Kostprobe.

Im übrigen wurde die Anna Schwärich aus Ränitz bei Dresden, jetzt Annerl Gschwendner, bald zum Mittelpunkt der Farm, zur Chefin des Küchenbetriebs, zur Alleinunterhalterin der Gäste und sogar zur Reserve-Pirschführerin, denn sie zeigte eine ungewöhnliche Jagdpassion, und der Umgang mit der Büchse war ihr bald so vertraut wie der mit dem „Kochlöffi".

Und doch lag ein dunkler Schatten auf dem Gschwendnerschen Eheglück: Trotz heftiger, beiderseitiger Bemühungen blieb der erhoffte Nachwuchs aus. Es begann in der Ehe leicht zu kriseln. Daß es nicht zu einer größeren Krise kam, dafür sorgte aber der Buschmann Xaverl.

Er lag eines Morgens vor der Haustür, in warme Tücher eingewickelt, und wimmerte leise, aber eindringlich vor sich hin,

Die „zweite Köchin" Bimbi entdeckte ihn und trug ihn ins Haus. Dort wurde er auf den Küchentisch gelegt, seiner Hüllen entschält und ausgiebig besichtigt.

„Der ist mehr gelb als schwarz, das ist ein Buschmann", sagte Bimbi mit Kennerblick. Annerl, die mittlerweile eingetroffen war, antwortete hierauf:

„Du hast recht, a Mannsbild is er, und nu ans Werk, ihr Weiber! Windeln, Milchflascherl und a Betterl herg'richt – wir ham endlich e Kind im Haus."

Das war des Buschmanns Xaverl durchaus optimaler Start ins Leben.

Die Ehekrise entschärfte sich, ja war gar nicht mehr aktuell, denn auch Ersatzvater Geschwendner Sepp fand die Windelgerücherl im Haus als durchaus anregend und zukunftsträchtig.

Der Bub wuchs heran, nicht so schnell und rabiat wie die mit Kraftnahrung vollgestopften Kinder der Weißen, er entwickelte sich in langsamen, gesunden Schüben, brauchte keinen Schnuller und keinen Doktor, und eines Tages hüpfte er durchs Haus auf seinen dünnen, sehnigen Beinen und stand einer Gazelle in nichts nach. Woher er kam, das wußte niemand, er selbst natürlich auch nicht. Er wuchs auf im bayrisch-sächsischen Sprachraum mit viel mehr Wörtern und Begriffen als sie der Buschmann kennt, wurde dank der guten Atzung kräftig, aber was die Körperhöhe betraf, da bremste ihn seine Abstammung.

Aber ein kleiner Buschmann war er nicht, er war ein großer Buschmann. Und er war ein Buschmann, fast ohne die obligatorische Plattnase und ohne die stammesüblichen Hautfalten. Er war ein schöner Buschmann. Aber das alles hätte nicht genügt, daß seine Pflegeeltern rundherum zufrieden und sogar stolz auf ihn waren.

Er war nun vierzehn Jahre alt und so unentbehrlich, wie es keiner der Schwarzen auf der Farm je gewesen. Er war der ideale „Boy", wie ihn sich die kolonialerfahrenen Engländer heranzüchteten, ein Bursch, der den Gästen die Wünsche von den Augen ablas und im Wirbelsturmtempo erfüllte, und er war auch ein Fährtenleser und späterer Jagdführer, wie sich der Jagdfarmer Joseph Gschwendner keinen besseren vorstellen konnte.

Hei, was war das für eine Safari mit dem Annerl am Steuer des Jeeps und dem jungen Buschmann neben sich. Da brauchte der Herr „Direktor" hinten auf dem Rücksitz nur seine Büchse laden, und die Trophäe war ihm sicher.

Wie kam eigentlich der junge Buschmann zu seinem Namen Xaverl? Nun, ganz einfach, indem er vom Herrn Distriktspfarrer auf den beliebten bayrischen Vornamen Franz Xaver getauft wurde. Jetzt fehlte bloß noch die kurze Lederhose zu einem echten Bajuwaren – doch davon später.

Schon seit einiger Zeit reifte bei den Gschwendners der Gedanke heran, das Findelkind zu adoptieren und zum Nachfolger auf der Jagdfarm aufzubauen. Ein kühnes, ja fast revolutionäres Vorhaben in einer Zeit, in der im benachbarten Südafrika die Apartheid, die absolute Rassentrennung, noch in voller Gültigkeit war. Joseph Gschwendner und sein Annerl ließen von ihrer Absicht nichts verlauten, aber der gute Xaverl sah sich vermehrten Anstrengungen ausgesetzt, seinen Bildungsstand zu heben und allmählich dem europäischen Niveau anzugleichen. Er paukte mitsamt seiner Pflegemutter fleißig Englisch (Bayrisch konnte er schon), und Vater Gschwendner führte ihn in die elementarsten Begriffe der Mathematik ein. Zusätzlich mußte er noch die Schulbank drücken. Aber nicht genug – auch ein „Studienaufenthalt" in Deutschland wurde ins Auge gefaßt, und so fand sich Xaverl eines Tages bei einem Verwandten der Gschwendners untergebracht und lernte das Goethe-Institut in Rosenheim von innen kennen.

Es gefiel ihm weder von innen noch von außen, aber er hielt tapfer durch, um so mehr, als er inzwischen in den Miesbacher Trachtenverein „D' Edelweißbuam" aufgenommen worden war.

Sowas hatte die oberbayrische Metropole des älpischen Brauchtums noch nie erlebt: einen echten Buschmann als Schuhplattler!

Bevor der gute Xaverl merkte, daß er als absolutes Unikum nur der Volksbelustigung diente, reiste er wieder zurück in die Heimat, eine echte, kunstvoll bestickte Hirschlederhose im Gepäck und einen bemerkenswerten Wissensstand im wollenen Schädel.

Dort erwartete ihn eine Überraschung, nämlich „Roserl". Dieselbe war auf die gleiche Art zur Jagdfarm gelangt, nämlich illegal, bei Nacht und Nebel, wie er selbst. Es war ein Leopardenbaby, einige Wochen alt, gut ernährt und putzig anzuseh'n, und niemand auf der Farm konnte sich dem Charme dieses unschuldigen Wesens entzieh'n. Es erhielt den allerbesten Polsterstuhl im Wohnzimmer zugeteilt, und der Gschwendner Sepp ließ sich ein Lehrbuch zuschicken, das sich mit der „Aufzucht und Haltung von Raubkatzen" befaßte.

Lange wurde herumgerätselt, woher der kleine Leopard kam. Daß seine Mutter ihn hier abgeliefert hatte, weil ihr die Milch ausgegangen war, lag außerhalb jeder Realität, und daß er selber sich auf den Weg gemacht hatte, ganz einfach aus Abenteuerlust, sowas könnte sich nur ein Hollywood-Regisseur einfallen lassen.

Auf Gschwendners Jagdfarm kam man schließlich zur Überzeugung, daß einem Nachbarn der Sündenfall passiert war. Man hatte aus Versehen die Mutter von den Kindern weggeschossen, dieselben in einen Sack gesteckt und dann an die umliegenden Farmen „verteilt".

Gleichwie: Eines der kleinen Leoparderln hatte jedenfalls Glück gehabt, indem es bei den Gschwendners landete.

Als der heimgekehrte Buschmann-Schuhplattler Xaverl dem kleinen Leoparden zum erstenmal über den Kopf strich, ging ihm das Herz auf, und er vermeinte, den Geruch von Freiheit und Wildnis einzuatmen. Er hatte das weite Kalahariland nie selbst geseh'n, jetzt stand es vor ihm auf, die Urheimat der kleinen Jäger, der einzigen, echten, die es auf der Welt vielleicht noch gibt. Er hatte Heimweh, zum erstenmal in seinem Leben.

Das Leopardenbaby wurde „Roserl" getauft, denn es war ein Mädchen. Es wuchs heran, verjagte die eingesessenen Hauskatzen, ließ absolute Stubenreinheit missen und mußte zur Nächtigung schließlich mit einer Art Hundezwinger vorliebnehmen.

Allmählich ergab es sich, daß der kleine Leopard ein größerer Leopard wurde und manchmal ein wenig knurrte, die Barthaare spreizte und seine Zähne zeigte. Aber nicht dem Xaverl, nein, nicht dem Buschmann Xaverl, der mittlerweile seine Betreuung übernommen hatte.

Der Xaver und das „Roserl", sie liebten einander aus ganzem Herzen. War es der Geruch? Roch denn der Xaverl anders als der gutmeinende Gschwendner Sepp? Gleichwie, die beiden spielten und herzten im Gelände der Farm umher, veranstalteten Ringkämpfe, die gefährlich aussahen, aber absolut harmlos waren, bis eines Tages bei dem Leoparden das Raubtier durchzubrechen schien. Als Xaverl „Roserl" nach hitzigem, aber sportlichem Schlagabtausch in den Zwinger verbrachte und sich wendete, spürte er plötzlich das Gewicht des Leoparden auf seinem Rücken. Seine Krallen schlugen in Schulter und Rücken, wildes Pfauchen drang an sein Ohr.

Jetzt ist die Bestie aufgewacht, dachte er, hielt still und wehrte sich nicht, um sie nicht noch mehr zu reizen. Er stand Todesängste aus. Aber statt des tödlichen Bisses in den Nacken spürte er eine warme rauhe Zunge im Genick, die ihn liebkoste, immer und immer wieder, und das Tier schien zu sagen: „Guter Freund, bleib doch noch ein bißchen, ich mag dich ja so gern, so ganz schrecklich gern!"

Trotz ihrer Liebesbezeugung, die gewiß aus reinem Herzen kam, waren „Roserls" Tage auf der Jagdfarm gezählt. Mit einer Blechmarke im linken Gehör wurde sie der Wildnis zurückgegeben. In gewissem Sinn war dies vielleicht ein Risiko, denn dem „Roserl" fehlten die mütterlichen Jagdanweisungen, aber Katzen bleiben wild, sosehr sie der Mensch auch verhätschelt, und es hat schon Fälle gegeben, daß der Liebling der Familie, tief beleidigt, weil eine andere Mieze ihr vorgezogen wurde, für immer das Weite suchte und zur schlimmen Räuberin entartete.

Geschwendners hofften also, das „Roserl" würde sich durchschlagen. So ging es hinaus in den Busch. Xaverl blieb plötzlich stehen und hoffte insgeheim, daß die Leopardin das gleiche täte, um zusammen mit ihm wieder zurückzukehren in den Schoß der Familie. Aber „Roserl" lief weiter und weiter auf ihren weichen Pfoten mit den schrecklichen Krallen und ward schließlich nicht mehr geseh'n. Mit Wehmut im Herzen ließ der Buschmann sie ziehen. Er ahnte nicht, daß er ihr eines Tages wiederbegegnen würde – und dies unter dramatischen Umständen.

Es gibt kaum noch ein Land im großen Afrika, in dem man frei jagen kann. Die Zeiten der großen Entdeckungen, der Safaris mit Dutzenden von Trägern, mit Entbehrungen, mit Abenteuern und Kämpfen ums Überleben sind vorbei. Wer als Jäger nach Afrika kommt, dem wird ein Tropenhut auf den Schädel gestülpt und zur Fortbewegung ein schweres Trumm Landrover vor die Nase gesetzt, an dessen Steuer ein White-Hunter hockt mit grimmigem Gesicht, daneben ein oder zwei schwarze Fährtensucher, und die Möglichkeiten, eigene Initiative zu entwickeln, sind normalerweise recht gering. Gering ist aber auch das Risiko, bei der Jagd zu Tode zu kommen, es sei denn, die Kartaune geht nach hinten los, was aber bisher kaum vorgekommen ist.

Fast in ganz Afrika – besonders in den Wildländern – gelten inzwischen strenge Jagdgesetze, und Wilderei wird noch wesentlich härter geahndet als bei uns im alten Europa. Dennoch bleiben alle guten Vorsätze oft ohne Wirkung. Der große Raum, die Weite der Landschaft, der unübertreffliche Jagdinstinkt der Ureinwohner sind es, die sich mit dem Verbot der „freien Büchse" nicht abfinden können oder wollen.

Es klingt vielleicht blasphemisch, aber die echten Jäger in Afrikas Savannen – das sind die wilden schwarzen Kerle mit ihren verrosteten Militärkarabinern, fern jeder Waidgerechtigkeit, fern aber auch jeglicher Furcht. Was hingegen hat schon der sogenannte „Großwildjäger" aus Europa oder Amerika mit seiner Elefantenbüchse aufzubieten?

Auf Sepp Geschwendners Jagdfarm war das Wildererproblem, das alle guten Vorsätze der schwarzen Regierungen zum Schutz und zum Erhalt des afrikanischen

Großwilds zunichte machte, nicht aktuell. Von den „großen Fünf": Elefant, Nashorn, Kaffernbüffel, Löwe und Leopard, dem Traumwild aller Afrikajäger, erschien nur sehr selten ein Exemplar am Farmgelände. Die Gschwendnerische Jagdfarm konnte im Grunde nur die geläufigen Antilopenarten bieten, als Höhepunkt der Trophäenjagd den Großen Kudu mit dem Schraubengehörn, den säbeligen Oryx und, in seltenen Fällen, die gewaltige, elchschwere Elenantilope, dazu eine Unzahl kleinerer Gazellen und etliches andere Jagdwild, wie das wehrhafte Warzenschwein. Entsprechend diesem „Wildangebot" waren die Gäste von Joseph Geschwendners Jagdfarm eher von friedlicher und bescheidener Natur. Mit der Vorstellung, einen riesigen Elefantenbullen mit einem Kügelchen Blei vom Leben zum Tode zu befördern, konnten sich die meisten nicht anfreunden. So lief der Jagdbetrieb in eher gemütlichen Bahnen, und Annerls original bayrische Küche trug das Ihre dazu bei, den Gästen den Aufenthalt zu verschönern.

Es kamen Holländer und Franzosen, Amerikaner und Österreicher sowie zahlreiche Deutsche, darunter etliche Bayern, ja sogar einer aus Bad Tölz, dem Herkunftsort des Farminhabers.

Und eines Tages kam der Herr Diplomingenieur Hesselbach aus dem Sauerland, der weniger auf Annerls Schweinsbraten mit Knödel Wert legte als auf ein ganz epochales Jagderlebnis.

Da spitzte der Gschwendner Sepp die Ohrwaschl.

„Sakrati, ich glaub', mit dem Mann gibt 's Schwierigkeiten!"

Es gab sie, und nicht wenige. Kein Kudugehörn war dem Menschen mächtig genug, kein Oryxsäbel genügte seinen Ansprüchen, und ein Springbock gar:

„Da könnte ich ja gleich daheimbleiben und einen Rehbock schießen." Es gibt ganz unleidige, eklige Menschen auf dieser Welt, auch unter den Jägern, und der Herr Diplomingenieur Hesselbach war einer davon.

Die Gschwendners zählten schon die Tage bis zu seiner Abreise. Aber er hatte für drei Wochen „gebucht", und zwei davon waren erst um.

„Dem wünsch' i endlich an Rohrkrepierer", äußerte sich der Sepp zu seiner Frau.

„Und i", entgegnete das Annerl, „daß er an änem von meine Knödel erstickt."

Der Herr Diplomingenieur Hesselbach war, weil ihm nichts gut genug war, bisher Schneider geblieben, und sein ohnehin unleidiges Wesen schlug in Aggressivität um.

„Da bekommt man Rekordgehörne versprochen, zahlt sich halb tot und kann sich dann den Pinsel von einem mickrigen Springbock an den Hut stecken!"

Daraufhin erhielt der beste Mann der Jagdfarm, nämlich Xaverl, der Buschmann, den Auftrag, den schier nicht mehr tragbaren Jagdgast unter allen Umständen zum Schuß zu bringen.

Der Jeep wurde bestiegen, und es ging los, hinein ins Jagdgebiet. Sie kurvten umher, sahen viel, aber immer und immer wieder schüttelte der Diplomingenieur den Kopf. Xaverls Rundschädel mit dem eigenartigen Haarwuchs, der aussah, als ringelten sich Regenwürmer auf seinem Kopf, aber dem Buschmann eigen ist und ihn weltweit als solchen kenntlich macht, wackelte bedenklich hin und her. Seine Buschmannseele kochte langsam auf. Friedfertigkeit ist das Panier der kleinen Menschen vom Kalahariland, aber sie können auch kleine infame Teufel sein.

„Benzin ist aus", sagte der Xaverl, „Leitung defekt und Funkgerät kaputt, kreuzsakrati, ich geh' jetzt schlafen, gute Nacht."

Und er verkroch sich ohne weitere Umstände unter dem Jeep.

Am Morgen erwartete sie eine glühende Sonne. Benzin war noch immer aus und Funkgerät noch immer kaputt.

„Himmel, Arsch und Zwirn!" brüllte der Herr Diplomingenieur Hesselbach, „was jetzt?"

„Laufen", grinste der Buschmann Xaverl, „oder hierbleiben."

Der Jagdgast, gar nicht recht gut bei Fuß und ziemlich übergewichtig, entschied sich fürs Hierbleiben, denn er rechnete damit, daß der Jeep schon bald vermißt, die Verantwortung des Jagdherrn für das Leben des Gastes ernst genommen und sie schon bald „entsetzt" würden.

Aber der gute Geschwendner Sepp ließ sich Zeit. „Der soll ruhig a bissl in der Sonn' braten, vielleicht wird er dadurch ein normaler und umgänglicher Mensch", sagte er zu seinem Annerl, und diese entgegnete umwerfend komisch in ihrem bayrisch-sächsischen Idiom: „Ä normaler Mänsch, mänste? Da muast'n vorher derschlagn, den Saukrüppl, den miserabligen!"

Unterdessen war die Hitze draußen im Busch unerträglich geworden, und der Jagdgast klagte über Kopfschmerzen und entsetzlichen, unerträglichen Durst. Nun trat der Buschmann in Aktion und zelebrierte dem weißen Jäger, wie man mit primitiven Mitteln die Kehle feuchtet und gleichzeitig auch den leeren Magen erfreut. Er nahm ein Steckerl (Stab) in die Hand, sprach einige geheimnisvolle Worte, buddelte, stieß zu und brachte eine Knolle zum Vorschein, die wie eine Zwiebel aussah und aus der Wasser tropfte. Gierig saugte der Herr Diplomingenieur Hesselbach daran, und wenig später präsentierte der Urmensch dem weißen Jäger – sozusagen als Nachtisch – eine mittelgroße Eidechse, deren Genuß im rohen Zustand wahre Wunder auf den Allgemeinzustand wirken sollte, von Hesselbach aber angewidert abgelehnt wurde.

So verbrachten sie einen weiteren Tag in der Wildnis, und der Sonnenbrand des Herrn Diplomingenieur konnte sich sehen lassen.

Er wurde allmählich wortkarg.

Schließlich hatten die Gschwendners ein Einsehen, und der schwere Landrover brauste heran. Der Farmchef „reparierte" die Benzinleitung, die gar nicht kaputt war, und füllte den Tank aus dem Reservekanister, dann ging es Richtung Heimat.

Aber die menschenerfahrene Camp-Mutter hatte recht behalten: der entsetzliche Mensch hatte sich nicht geändert. Aber ganz ohne Beute wollte man ihn, schon um des Renommees der Jagdfarm halber, nicht nach Hause ziehen lassen, und so wurde eine letzte Pirsch angesetzt, und zwar in jenes Kudugebiet, wo sich hauptsächlich die „größeren Kaliber" aufhielten.

Diesmal saß die jagderfahrene Farmchefin persönlich am Steuer, mit dem Buschmann Xaver als Fährtensucher und Spezialist zum Erkennen der ständig wechselnden Winde. Eigentlich konnte nichts schiefgeh'n.

Da trat das Mißgeschick ein, daß sie auf einen Leoparden stießen, der es sich in der Astgabel eines Akazienbaums bequem gemacht hatte.

Hier ist zu bemerken, daß diese Großkatze im Vergleich zum Löwen oder Geparden auch in Südwestafrika verhältnismäßig häufig vorkommt, aber nur selten bestätigt wird, denn sie führt ein verborgenes, geheimes Leben und kennt keine Rudelbildung. So hat denn auch jede Jagdfarm „ihre" Leoparden, aber sie gelten als Rarität, als absolute Kostbarkeit, und sie zu jagen, ist nur dem wirklich verdienten Jäger vorbehalten.

Zu dieser Spezies gehörte der Herr Diplomingenieur Hesselbach nun wirklich nicht, und Annerl wollte an dem Leoparden vorbeituckern. Der Fährtensucher hingegen bemühte sich, das offenbar vollgefressene und faule Raubtier durch heftiges Winken zu verscheuchen. Aber Hesselbach, ganz verrückt vor Jagdgier und von dem Gedanken beherrscht, seine bisher mißglückte Safari mit einem der „großen Fünf" doch noch zu krönen, hatte bereits den Kolben der Büchse an der Schulter.

In diesem Augenblick sah der Buschmann die Erkennungsmarke im linken Gehör des Leoparden blinken.

„Roserl", rief er mit sich überschlagender Stimme: „fort... fort!"

Und als das Tier noch immer auf seinem Baum verweilte und in völliger Fehleinschätzung der Lage sich zu putzen anfing, brüllte er in höchster Erregung:

„Sehen Sie denn nicht, der Leopard ist zahm wie eine Hauskatze, eine Schande, auf ihn zu schießen!"

Und als dies nichts fruchtete, holte der kleine Kerl doch tatsächlich aus, dem Jäger die Büchse aus der Hand zu schlagen.

Aber es war zu spät, der Schuß bellte auf, der Leopard plumpste vom Baum, wedelte noch ein wenig mit seinem Schwanz und regte sich nicht mehr. Mit einem Urschrei stürzte sich der Jäger auf seine Beute und führte um dieselbe einen Indianertanz auf, den man dem beleibten, schwerfälligen Menschen nicht zugetraut hätte.

Annerl blickte ziemlich betreten drein, steckte aber, um die Form zu wahren, dann doch den Erlegerbruch auf des glücklich-unglücklichen Schützen Tropenhut. Dann wurde der Leopard vom Fährtensucher aus der Decke geschlagen, und heiße Tränen vermischten sich mit dem dampfenden Wildschweiß.

Sodann ging's nach Hause. Aber wo war Xaverl, der Buschmann?

Er war nicht mehr da. Er war verschwunden im sonnenglühenden, weiten Land, und kein Rufen, kein Büchsenabschuß brachten ihn mehr zurück.

Der Buschmann Xaverl hatte schon längere Zeit unter heftigem Heimweh gelitten, verbarg dies aber, so gut es ging, seinen geliebten Ersatzeltern zuliebe. Jetzt, nach diesem selbstherrlichen, herzlosen Auftreten des weißen Mannes, fiel ihm alle Hemmung ab, und er wanderte zurück zu seinen Ahnen im Dornbusch der Kalahari.

Der Wildfarmer Joseph Gschwendner, bisher redlich bemüht, den Jagdbetrieb nach alten deutschen Waidgrundsätzen ablaufen zu lassen, mußte sich beim Abschiedsdinner mit den kritischen Einflechtungen des Herrn Hesselbach auseinandersetzen.

„Ich hab' es zuerst nicht geglaubt, aber es scheint doch etwas Wahres dran zu sein, daß die Jagdfarmer neuerdings Zootiere aussetzen, um bei ihren leergeschossenen Revieren den Ansprüchen zu genügen..."

Daraufhin platzte dem Gschwendner Sepp, Nachfahre oberbayrischer Bergjäger und auch Wilderer, der Kragen. Er packte den Kerl am Krawattl, stopfte ihm etliche nicht zu kleine Geldnoten in die Jackentasche und brüllte:

„Ab, zum Flughafen, und komm ma' net wieder, du Saukrüppl, du miserabliger!"

Die Jahre vergingen. Im benachbarten Südafrika war das nicht für möglich Gehaltene eingetreten: Weiß und Schwarz hatten sich für einen gemeinsamen Weg in die Zukunft entschieden, dank zweier Männer, die in die Annalen der Weltgeschichte eingehen werden. Die Gegensätze zwischen den Rassen sind noch immer gewaltig und in Jahrhunderten gewachsen, und käme es auch zu Rückschlägen – der Haß scheint überwunden, und das Land am Zipfel Afrikas könnte einmal Beispiel werden für den ganzen geplagten, geschundenen Kontinent.

So hoffte denn auch der Nachbar im Norden, das frühere Deutsch-Südwest, jetzt Namibia genannt, an der visionären Entwicklung im Kapland teilzunehmen, wenigstens die Weißen, von denen einige schon seit einiger Zeit auf ihren Koffern saßen, um der afrikanischen Heimat für immer Lebewohl zu sagen. Auch der Rinder- und jetzige Jagdfarmer Joseph Gschwendner gehörte dazu, aber wohl mehr aus persönlichen Gründen. Was soll ein Besitztum, und sei es durch Generationen weitervererbt, ohne Nachfahren? Zwar florierte die Jagdfarm, ein Diplomingenieur Hesselbach oder ein ähnliches Individuum war nie wieder aufgetaucht, aber die Stimmung war düster.

Da marschierte eines Tages der Buschmann Xaverl beim Gattertor herein, nur mit einem Lendenschurz bekleidet, einen Speer in der Faust, und rief:

„Da bin ich wieder!"

Und er war nicht allein. An seiner Seite hüpfte eine kleine zierliche Buschmännin einher, den Arm liebevoll um seine Taille geschlungen, und lispelte:

„Grüß Gott! Hab' gelernt von ihm Bayrisch und bissl Englisch. How do you do?"

Die Gschwendners waren erst sprachlos, dann unsagbar glücklich. Das zierliche Buschweiberl wurde von Annerl augenblicklich in Beschlag genommen, und die beiden Männer sprangen in den Jeep und drehten eine wilde, übermütige Runde im Revier, eine gewaltige Staubwolke hinterlassend.

Abends dann fanden sie sich gemeinsam im „Jagdsalon" ein, an dessen Wänden die Trophäen der afrikanischen Großantilopen hingen, mit der Absicht, die Gäste in Jagdstimmung zu versetzen.

Und jetzt rückte der Gschwendner Sepp mit seinem Nachfolgeproblem heraus und wie er und seine Frau sich dessen Lösung gedacht hatten.

Lange schwieg der Buschmann Xaverl. Dann antwortete er im original Tölzer Bayrisch, das er noch nicht verlernt hatte:

„Leut', für einen Farmboß bin ich einfach z'kloa. Laßt 's mich die Prüfung für einen staatlich anerkannten Jagdführer machen, und mein Dirndl geht in die Küch zur Frau Anna. Und wenn's amal Küchenchefin wird, hab' ich nix dagegen. Das wär normal, alles andere ist ein Schmarrn, habt 's mi?"

Und dabei schlug er sich auf die Schenkel wie einstmals als Schuhplattler bei den Miesbacher „Edelweißbuam", und jedermann war klar, daß sich eine weitere Diskussion erübrigte.

Dann erzählte er von den Buschmännern und von seinem Versuch, in der alten Heimat wieder Fuß zu fassen, und diesmal befleißigte er sich eines gepflegten Hochdeutsch à la Goethe-Institut: „Unser Volk stirbt, es mag nicht mehr leben mit seinem Zwergenwuchs, seinen greisenhaften Gesichtsfalten und seinem Fetthintern. Früher war es sich seiner Abnormität nicht bewußt, jetzt weiß es um dieselbe. So ein Hutzelmanderl, das noch immer nach Wurzeln gräbt, ein Warzenschwein mit dem Speer erdolcht und keinen Gott verehrt, weil es sich ihn nicht vorstellen kann, hat keinen Platz mehr auf dieser Welt. Es vergeht zusammen mit der Kalahari und dem letzten Dornbusch, der verdorrt, weil der Regen immer öfter auf sich warten läßt. Und deshalb bin ich fortgegangen, und die hier hab' ich mitgenommen." Und dann verfiel er wieder in sein gewohntes, geliebtes Bayrisch: „A hübsch g'wölbtes Hinterteil hats zwar aa, aber lang net so schlimm wia ihre Muatter."

Ja, so hat ein Buschmann anno 1994 auf der Jagdfarm in Namibia gesprochen.

Daß aber, wenn die Menschheit so weitermacht mit der hemmungslosen Ausbeutung der guten, geduldigen Mutter Erde, die kleinen Buschmänner trotz ihrer Lebensüberdrüssigkeit einmal übrigbleiben könnten als die letzten des

Menschengeschlechts und mit ihnen ein paar Erdknollen und Eidechsl – daran hat der gute Xaverl nicht gedacht.

Kann man auch nicht verlangen, liegt im Bereich der Zukunftsforschung.

Der Jagdherr als Wilderer

Wenn ein Jäger – aus welchen Gründen immer – sein Pachtrevier aufgeben muß, dann ist das selten ein Grund für einen Freudensprung.

Anders beim Herrn Justizrat Baldwin Schiefenegger.

„Ich hab' die Nas'n voll", hatte er wiederholt geäußert.

Warum, das mochte er in der Zeitungsannonce, die er aufgegeben hatte, natürlich nicht mitteilen. Da stand nur, daß es sich um ein landschaftlich besonders reizvolles, 2.400 Hektar großes Gebirgsrevier im salzburgisch-steirischen Raum handelte, mit Reh und Gams als Standwild und Rotwild als Wechselwild. Ein gut eingerichtetes Jagdhaus sowie eine Schutzhütte seien zu übernehmen, ferner ein erfahrener Berufsjäger. Die Pacht liefe noch sechs Jahre; jährliche Pauschalsumme 280.000 Schilling bzw. 40.000 Mark.

Das lasen einige Jagdbeflissene, die sich längst ein Bergrevier gewünscht hatten, teils mit freudiger Erregung, teils mit Mißtrauen. Die letzteren nämlich hatten bereits ihre unguten Erfahrungen gemacht.

Einer, bei dem sich freudige Erregung und Mißtrauen die Waage hielten, war der Wirtschaftsprüfer und Unternehmensberater Otto Rönner aus Augsburg. Derselbe stattete dem Herrn Justizrat Schiefenegger einen überraschenden Besuch ab und bat ihn um gemeinsame Begehung des Reviers.

Bei derselben kam der Herr Justizrat in einige Bedrängnis.

„Wir haben da eine ungünstige Zeit ausgewählt! Hochsommer, Mückenplage, da läßt sich natürlich kein Wild seh'n."

Rönner hierauf:

„Aber Fährten, wo sind die Fährten?"

„Der letzte Platzregen..." versuchte der Justizrat auszuweichen, aber Rönner, der erfahrene Jäger, plazierte den Herrn Rat auf einen Baumstock und sagte:

„Reden wir doch deutsch miteinander: In dem Revier ist nichts los. Warum, das weiß ich nicht und kann es mir nicht erklären. Ich zahle zehntausend Mark als Teilhaber, und Sie bleiben Pächter. Der Revierjäger entlohne ich nach Leistung, für das Jagdhaus entrichte ich Miete. Einverstanden?"

„Muß ich ja wohl", murmelte der Herr Justizrat.

Und damit war die Jagdübergabe abgeschlossen, und der Herr Justizrat war sich völlig im klaren, daß er in seinem Revier nichts mehr zu sagen hatte.

Er wollte es auch gar nicht, sollte sich doch der neue Jagdherr mit den widrigen Verhältnissen dieses Reviers auseinandersetzen.

Und diese widrigen Verhältnisse waren: Die Jagd war im Nordostteil von kleinen Privatrevieren und einem Teil der Genossenschaftsjagd umgürtet. Im Süden sowohl endlose als auch baumlose Almflächen mit Touristenbetrieb, im Westen, abgetrennt durch den Schauergraben, das geschlossene, fast unbegehbare Steilgelände des riesigen gräflich Marcoschen Reviers, bewacht von vier Berufsjägern.

Und in diesem Überbleibsel war der Wirtschaftsprüfer Rönner aus Augsburg nun Jagdherr geworden. Aber immerhin zu erfreulich angenehmen Konditionen.

An einem der nächsten Wochenenden lud er seine Familie und einen Kreis enger Freunde und Bekannter zu einem kleinen Fest im Jagdhaus ein. Man war begeistert: Diese herrliche Lage, der einmalige Blick auf die Tauernberge – das allein schon war den Pachtzins wert. Seine Frau umarmte ihn:

„Otto, wir dürfen doch wiederkommen?"

„Natürlich, natürlich", lächelte Rönner, „jagdlich ist hier nicht viel zu ernten. Ich habe für die gute Bergluft gezahlt, und die wollen wir einschnaufen, so oft es geht."

Er schien zufrieden mit seinem Coup, der Herr Unternehmensberater, der knallharte Geschäfte liebte, seine Rechnungen in Maßen hielt und daher zu einem fundierten Wohlstand gelangt war.

Jagdlich geseh'n, sah er eine Zeitspanne von sechs Jahren vor sich, da konnte sich einiges ändern. Eigene Enthaltsamkeit war die Devise. Wo Jagdruhe ist, kommt Wild von selbst.

Allerdings: Einen Rehbock und einen Gams wollte er schon einmal fallen seh'n, und möglichst auch einmal einen Berghirsch.

Er dachte nach, wie letzteres zu bewerkstelligen sei. Er dachte und dachte. Und aus dem Wunsch wurde langsam eine Vorstellung:

Ein rußbeschmierter Kerl, in eine Jagdkotze gehüllt, den grünen Hut tief ins Gesicht gedrückt, überquert im Morgengrauen den Schauergraben und verschwindet im urigen Bergwald. Er gewinnt rasch an Höhe, dann durchquert er bei halbem Wind den übersteilen, mit Felsen durchsetzten Hang und erspäht durchs Altholz eine freie Fläche. Zwei, drei Hirsche äsen auf derselben, die Sonne vergoldet ihre Geweihspitzen, völlig vertraut mahlen die Äser. Da schiebt sich ein Stutzen aus dem Lodenumhang, der Finger geht zum Abzug...

Im selben Augenblick betritt der Revierjäger Grabichler das Jagdhaus und reißt den Jagdherrn Otto Rönner aus seinen fatalen Träumen.

„Da bin i, Grabichler hoaß i, Sie können aber ruhig Toni zu mir sag'n."

Eine drahtige Gestalt, ein ledernes Gesicht mit einer gewaltigen Adlernase.

Da vergaß Rönner in Sekundenschnelle seinen Wilderertraum und stellte eine Flasche Birnschnaps auf den Tisch.

„Prost!"

„Prost aa! Auf a guats Z'ammatoa da herobn, aber damit Sie 's gleich wissen, ich hab' noch einen Nebenberuf, i bin Schreiner."

Rönner wußte nicht, weshalb, aber es war ihm einfach herausgerutscht:

„Machen S' Särge auch?"

„Warum?"

„Für die Wildschützen, die S' auf die Schwarte legen!"

„Gibt's scho lang nimmer!" grinste der Grabichler Toni und genehmigte sich ein zweites Stamperl.

Nun kamen der neue Jagdherr und sein Revierjäger überein, das Revier für dieses und das nächste Jahr weitgehend in Ruhe zu lassen, keine Jagdgäste einzuladen und zu beobachten, wie sich die Vollschonung, in die auch der Kleine und der Große Hahn miteinbezogen wurden, auswirkte. Gegen eine ausgiebige Nutzung des Jagdhauses für gesellschaftliche Zwecke durch die Angehörigen und Freunde des Jagdherrn hatte der Revierjäger gar nichts.

„Ist eh alles schon überlaufen heutzutags, vom Sillgrund herüber ham S' einen neuen Wanderweg angelegt, und droben in der Luft ist a koa Ruh mehr, da kreisen die Drachenflieger. Aber die schlimmsten sind die Mountain-Biker, des wird allmählich a regelrechte Plage, und daß i fleißig Regenrinnen onleg', glei einen viertel Meter tief, des nutzt aa nix mehr, de hupfan einfach drüber, und an Spaß macht's eahna aa no!"

Mit der Zusicherung, daß der Berufsjäger mit der Hälfte des Normalsolds zufrieden sei, wenigstens solange keine Jagdgäste zu führen wären, gingen sie auseinander.

Otto Rönner war indessen überzeugt, daß dem Grabichler Toni auch bei halber Entlohnung nichts entging, was im Revier geschah. Der hatte lange, sehnige Haxn und ein Adleraug. Wie es mit dem berühmten Ethos der alpenländischen Berufsjäger bei ihm stand, das würde sich viel-

leicht später herausstellen. Nämlich wenn der neue Jagdherr in einer mondhellen Nacht die Reviergrenze überschritt und des Morgens mit einem Trumm Hirschgeweih aus den Marcoschen Wäldern auf dem Rücken heimkehrte.
Aber bis dahin war noch Zeit.
Vorerst verwendete Otto Rönner jede Minute, die ihm sein Beruf Zeit ließ, für die Erkundung des Geländes. Er übernachtete häufig in der kleinen, primitiven Schutzhütte in der Hochregion. Von dort hatte er einen Überblick über die ganze Berglandschaft und das eigene Revier und sah hinein in die urigen Wälder und Latschenfelder der gräflich Marcoschen Besitztümer. Noch waren sie unangetastet; das alte Adelsgeschlecht hatte sich rechtzeitig gegen die Wertverschiebungen der neuen Zeit durch seriös verwaltete Kapitalanlagen und Industriebeteiligungen abgesichert.
Trotzdem munkelte man, der alte Graf sei des ungeheuren Aderlasses durch Jagd und unrentable Forstwirtschaft überdrüssig, und im Hintergrund, in Lauerstellung, stehe bereits ein westdeutscher Chemiekonzern.
Vielleicht stand eine Art Interregnum bevor, durchaus günstig für eine kleine Grenzverletzung.
Otto Rönner ging sein Wilderertraum einfach nicht aus dem Sinn. Vorerst versuchte er sich als harmloser Tourist, überschritt den Schauergraben, diese Chinesische Mauer, wie sich der Grabichler Toni geäußert hatte, und ging die unwegsamen Steilhänge an. Er stieß mit dem Fuß das Dürrholz beiseite, trat lockere Steine weg, und als er hinter sich sah, bemerkte er, daß er einen regelrechten Pirschsteig angelegt hatte. So ging es weiter, bis hinauf in die Hochfläche. Hier stand die erste Marcosche Jagdhütte, sie sah reichlich unbenützt aus.
Er machte Brotzeit. Soviel hatte Rönner allmählich erkundet: Die Hirschbrunft fand auf dem von Krummholz

umwucherten, mit Dolinen durchsetzten Hochplateau statt
– es sei denn, grob Wetter träte ein.

Den Feisthirscheinstand lokalisierte Rönner in den Steilhängen über dem Schauergraben.

Sehr günstig, sehr günstig...

Otto Rönner war ein durchtrainierter Mensch; zu Hause hielt er sich mit Golf und Tennis fit, und seine Erkundungsgänge diesseits und jenseits der Reviergrenze stärkten seine Kondition zusätzlich. Die Familie und der Freundeskreis feierten indessen fleißig im Jagdhaus. Manchmal war er dabei, meistens aber nicht.

„Der Otto ist ganz vernarrt in dieses Revier, aber geschossen hat er noch nichts", entgegnete Rönners Gattin, „erst muß ja wohl etwas heranwachsen. Ich habe Otto wohl unterschätzt, ich dachte, er sei ein Schießer."

Die Zeit verging im Bergrevier, und als der Herr Justizrat Schiefenegger diesem einen Besuch machte, um den bescheidenen Wunsch nach Abschuß eines Rehböckls zu äußern, war er überrascht: Das Revier lebte wieder. In die Hochregion war ein kleines Gamsrudel eingerückt, da und dort sichtete man ein Reh, eine Birkhenne, eine Auerhenne burrten fort und, was fast einer Sensation gleichkam: Im felsendurchsetzten Lärchenbestand nahe dem Jagdhüttl hatte ein kleines Rudel Kolbenhirsche Einstand genommen.

„Gratuliere, Herr Rönner!" rief der Herr Justizrat, „die Jagdgäste sind mir halt etwas außer Kontrolle geraten."

Rönner hierauf mit eisiger Miene:

„Das wird wohl so sein! Aber jetzt müssen die Herren eine Zeitlang zu Hause bleiben, wenn 's erlaubt ist."

Der Herr Justizrat eifrig:

„Ist... ist... und selber komme ich eigentlich nur zum Haxenvertreten. Weiterhin viel Hegeerfolg und Waidmannsheil!"

Und fort war er.

Otto Rönners geplanter Wilderercoup rückte näher und wurde realer. Insbesondere als das kleine Kolbenhirschrudel sich noch vor dem Verfegen verabschiedete und in die Feisteinstände einrückte.

„Wenn die Ebereschen rot sind wie die Korallen,
ist der Feisthirsch reif, und er muß fallen!"

Alte Weisheit, alter Jägerwunsch.
Der 1. August, Beginn der Schußzeit.
Rönner hatte das Jagdhaus für sich reserviert.
Grabichler hatte einen größeren Schreinerauftrag zu erfüllen, nämlich eine Alttiroler Bauernstube. Dabei hatte ihm die Kreissäge einen Finger wegrasiert – und ausgerechnet den Schießfinger.
Schmerzlich für ihn, gut für Rönner.
Er horchte hinüber ins wilde Steilgehäng' mit den kleinen versteckten Wildwiesen, wo die Burschen mit den Hängebäuchen, befreit von der lästigen, fliegenübersäten Basthaut lagerten, ästen und faulenzten.
Es wurde Mitte August, und nirgends fiel ein Schuß.
Da machte er sich auf.
Den Zehner mit der klobigen Wehr kannte er schon; er war im Lärchenwäldchen zu Gast gewesen.
Rönner war ein ausgezeichneter Schütze. Hirschfieber kannte er nicht, wenigstens nicht vor dem Schuß.
Und nun lief alles ab, wie vorausgeseh'n, wie vorausgeträumt: Kugelschlag, Zusammenbrechen, Haupt abgeschärft, auf den Rücken geladen, hinab in den Graben, hinauf zum eigenen Jagdhaus – und dann, mit leicht zitternden Fingern, die jägerischen Verrichtungen: Abhäuten der Kopfhaut, Knochensäge in Tätigkeit gesetzt, Abkochen des Schädels. Eigentlich Metzgerhandwerk, aber lustvolles Tun für einen, der vom Erlegerstolz erfüllt ist.

Und weit oben dann, in einer Bergfichte, ein todsicheres Versteck, bis irgendwann, an einem trüben, nebligen Tag, ein Mann mit einem überdimensionalen Rucksack zu Tal schritt und das Ergebnis seines unerlaubten Pirschgangs im Auto verstaute.

„Nun hast du also doch noch deinen Hirsch geschossen!" begrüßte ihn zu Hause die Frau Gemahlin, und er nickte:

„War schwer genug, war schwer genug. Aber dem Grabichler sagst du besser nichts."

„Warum?" fragte seine Frau erstaunt.

„Er ist da ein bissl eigenartig. Ihn reut doch sogar schon ein Eichkatzl."

„Sympathischer Jäger, den ein Eichkatzl reut..."

„Mich reut 's ja auch", murmelte Rönner und verschwand im Schlafzimmer, wo er zwei Tage durchschlief.

Die Sache hatte ihn mitgenommen – weniger der Schuß als das Bergen der Beute.

Nochmal wollte er das nicht mitmachen...
Oder doch?

Im Herbst, zur Hirschbrunft, war wieder eine größere Jagdhaus-Party angesetzt. Auch Grabichler, der Berufsjäger, war eingeladen. Er brachte seine Frau mit, ein rundes humorvolles Weiberleut', frühere Sennerin.

Grabichler hatte den Verlust seines „Schießfingers" inzwischen verschmerzt und übte fleißig mit einem Ersatzfinger.

Als er die dritte Halbe Bier ausgezuzelt hatte, rückte er mit einer Neuigkeit heraus.

Einer ungeheuerlichen Neuigkeit.

„Im Grafenrevier ham s' an Hirsch g'wildert!"

Alle spitzten die Ohren. Edwina, Rönners Frau, erblaßte leicht.

„Der Kottmayr Seppei, ein Schafhirt, hat 'n g'fundn, das Haupt kunstvoll abg'schärft. Da war oana am Werk, dem 's bloß um die Trophäe geht, und de san g'fährlich."

„Und... und..." wurde der Grabichler bedrängt, „hat man den Wilderer erwischt?"

Dieser strich sich seinen grauen Bart:

„Koa Spur! Aber der Graf Marco hat für die Ergreifung a Prämie ausg'setzt, vielleicht nutzt des was."

Als Otto Rönner und seine Frau ihr Schlafgemach betraten, sagte diese mit bebender Stimme:

„Otto, tu das bitte nicht nochmal!"

„Du meinst?"

„Ja, ich meine."

Auf der Veranda des Jagdhauses hockten währenddessen die Gäste und lauschten hinüber ins gräfliche Revier, wo die Hirsche ihre gewaltigen Stimmen ertönen ließen. Bloß einer nicht mehr – der Zehner mit seinem dunkelbraunen Geweih.

Der Winter war mild und brachte nur wenig Verluste in den Rönnerschen Jagdgründen, die sich ohne Zweifel in Aufwärtsentwicklung befanden.

Grabichler, der Jäger, beschickte fleißig die drei Rehfütterungen. Hochwild war noch nie Standwild gewesen. Überquerte der Jäger eine entsprechende Einzelfährte, knurrte er nur:

„Schau, daß d' weiterkummst, geh ummi zum Grafen, bei uns gibt 's nix für di'!"

Mit einer eigenen Rotwildfütterung waren die Waldbesitzer nicht einverstanden, und der Revierjäger hatte Verständnis dafür.

Anfang Mai schoß Rönner einen Großen Hahn; später, in der Latschenregion, einen Kleinen. Dann war Ruhe im Revier bis zur Rehbrunft, als der Herr Justizrat Schiefenegger seinen Status als Hauptpächter durch Abschuß seines obligatorischen „Rehböckls" untermauerte.

Waren die Kolbenhirsche noch da im einsamen Lärchenwäldchen?

Sie waren. Einer ging ab, dafür hatte sich ein anderer zugesellt. Donnerwetter, war das ein Prachtkerl! Schwer, schwer und voller Enden das Geweih, auch wenn man sich die Basthaut wegdachte – ein Urhirsch einsamer Klasse!

Der Hochsommer kam. Die Herren mit den Bastfetzen am Geweih wanderten ab in ihren Feisteinstand.

Warum blieben sie nicht da?

Sie hätten das verbriefte Pardon des Jagdherrn gehabt, seine Fürsorge, ja sogar seine Liebe...

Aber was scheren sich diese Burschen, wenn sie nur eines im Sinn haben: unbegehbares Steilgelände, absolute Ruhe, Äsung in Fülle – und das gab es nur jenseits der „Chinesischen Mauer" über dem Schauergraben.

Dorthin wanderte Otto Rönners Sinn, ob er wollte oder nicht.

Er hatte Blut geleckt.

Ansitz auf hoher Kanzel, weit über dem Wind, neben ihm der Berufsjäger, Schuß durch die Luke – was war das schon?

Aber: angeschlichen, kaum Stand im grasigen Steilhang, immer wieder den Wind geprüft, den Büchslauf über eine Wurzel geschoben, Zentimeter um Zentimeter, das Blatt gefaßt – und Donnerschlag! Dann das Rußgesicht im Brunnen gewaschen. Tief durchgeschnauft...

Ungeheures Glücksgefühl!

So kam die Feistzeit heran.

Aber die Situation hatte sich gewandelt, verschärft.

Oben in der Brenntkogelhütte hockte ein gräflicher Jäger mit einem starken Spektiv, am Schauergraben entlang patrouillierte ein zweiter, und was das Unangenehmste war: Edwina, Rönners Gattin, war auf Besuch gekommen, um den guten Otto vor neuerlichen Untaten zu bewahren.

Grabichler allerdings hockte zu Hause und pflegte seinen nicht mehr vorhandenen „Schießfinger", wie er verlauten ließ.

Dennoch tat sich eine Lücke auf für den von Jagdlust Gebeutelten, und diese nützte er. An einem Montag, Ende August, schoß er bei Nebel und Nieselregen, einem Hundswetter, bei dem kein Mensch seine warme Stube verläßt, den Kapitalhirsch des Marcoschen Reviers. Fast drückte ihm das Urgeweih die Schulter ab.

Rönner überquerte den Schauergraben und japste zum Jagdhaus hinauf. Er wußte sich allein, denn seine Frau hatte vor einigen Tagen vor dem trostlosen Wetter kapituliert und war nach Hause gefahren.

Er wusch sich gründlich am Brunnentrog und war sich bewußt, daß dies der absolute Höhepunkt seines Jägerlebens war, seines Lebens überhaupt. Das ungeheure Geweih samt dem Schädel hatte er an einen Baumstamm gelehnt und betrachtete es immer und immer wieder.

Warum hatte er das getan?

Warum geht der Kletterer eine Steilwand an, überhängend und gefährlich?

Warum läßt sich der Fallschirmspringer ins Nichts fallen?

Wahrscheinlich weiß er es nicht, vermutlich ist es der Kitzel der Gefahr, das unglaubliche Gefühl der Selbstüberwindung und Todesverachtung.

Rönner zündete sich eine Zigarette an und hielt seinem Hirsch die Totenwacht.

Da fühlte er sich plötzlich am Genick gepackt:

„Hab i di, du Hundskerl, i hab mas ja glei' denkt!"

Der Revierjäger Grabichler war es, den Rönners Gattin heraufgeschickt hatte, sie bei der Bewachung des guten, aber etwas labilen Otto zu vertreten.

Die Situation war so eindeutig, daß Rönner das Handtuch warf und nur fragte:

„Was kommt jetzt?"

„Nix Gutes", knurrte Grabichler. „Wir gehen jetzt zur Polizeistation, und Sie machen ein Geständnis."

Eigentlich hätte Otto Rönner antworten wollen:
„Fassen Sie es in Gottes Namen nicht als Bestechung auf, aber ich finde wirklich, daß Sie unterbezahlt sind..."
Aber als er in das Gesicht des Revierjägers blickte, das ihn keineswegs wütend, eher maßlos erstaunt ansah, da schwieg er, packte seine Sachen zusammen und machte sich zum Abmarsch bereit.

Grabichler, fast entschuldigend:
„Es braucht ja net nach Abführen ausschau'n, und die Büchs laß ich umg'hängt."

„Mir egal, wie 's ausschaut", sagte Rönner mit tonloser Stimme, „da herin wird mich sowieso keiner mehr seh'n, und den überfälligen Lohn schick' ich Ihnen per Scheck."

Otto Rönner bekam für seine ein- bzw. zweimalige „jagdliche Entgleisung", wie es der wohlwollende Richter nannte, drei Monate Gefängnis auf Bewährung, Entzug des Jagdscheins für zwei Jahre sowie Aberkennung der Pachtfähigkeit bis auf weiteres.

Die Trophäen wurden sichergestellt.

Von seiner Frau Edwina aber bekam er einen kräftigen Tritt in den Hintern und Bettverbot auf längere Zeit.

Der alte Graf Marco bemerkte anläßlich der nächsten Geweihschau mit mokantem Lächeln:

„Sapperment, ein Jagdherr als Wilderer, und net als Grenzwilderer, wie 's ja allgemein üblich ist, sondern als echter, mit Rußgesicht. Der Mann interessiert mich, den möcht' ich kennenlernen!"

Was aber nicht möglich war, weil der Rönner Ottl (Kosename seiner Frau) die Alpen hinfort mied und lieber an der Amper zum Fischen ging.

Auf den leicht senilen Herrn Justizrat Schiefenegger wirkte der delikate Vorfall wie eine reichlich dosierte Hormonspritze. Er hängte sich wieder ins Zeug, verzichtete auf einen Mitpächter, beschränkte die Zahl der Jagdgäste rigoros und schoß, neben seinem obligaten „Rehböckl", unter Grabichlers Führung sogar einen Bartgams.

Mehr ist nicht zu berichten.

Ich hoffe aber, es war genug.